FRANCISCO RICARDO
UMA TRAGÉDIA ESQUECIDA

SERGIO FARACO
VALTER ANTONIO NOAL FILHO

FRANCISCO RICARDO
UMA TRAGÉDIA ESQUECIDA

L&PM
EDITORES

Texto de acordo com a nova ortografia.

Capa: Ivan Pinheiro Machado. *Foto*: da carteira de identidade de Francisco Ricardo
Revisão: Lia Cremonese

CIP-Brasil. Catalogação na publicação
Sindicato Nacional dos Editores de livros, RJ

F225f

Faraco, Sergio, 1940-
Francisco Ricardo: uma tragédia esquecida / Sergio Faraco, Valter Antonio Noal Filho. – 1. ed. – Porto Alegre [RS]: L&PM, 2017.
200 p : il. ; 21 cm.

ISBN 978-85-254-3679-5

1. Ricardo, Francisco, 1893-1927. 2. Poetas brasileiros - Biografia. I. Noal Filho, Valter Antonio. II. Título.

17-44593 CDD: 928.69
CDU: 929:821.134.3(81)-1

Rua Comendador Coruja, 314, loja 9 – Floresta – 90220-180
Porto Alegre – RS – Brasil / Fone: 51.3225.5777

Pedidos & Depto. comercial: vendas@lpm.com.br
Fale conosco: info@lpm.com.br
www.lpm.com.br

Impresso no Brasil
Primavera de 2017

Os autores agradecem penhoradamente a quem colaborou para que este livro pudesse ser concluído:

Academia Rio-Grandense de Letras
Aécio César Beltrão
Arquivo Histórico Municipal de Santa Maria
Carlos Cassel
Caroline A. Baseggio
Casa de Memória Edmundo Cardoso
Cláudio Moreno
Emanuel Kern Bomfim da Silva
José Antonio Brenner
Luiz Arlindo Cioccari
Rafael Bán Jacobsen
Therezinha de Jesus Pires Santos

Sumário

Prólogo

Enquanto escrevia notas biográficas de poetas para uma coletânea que organizava,[1] recebi da Academia Rio--Grandense de Letras, por meio de seu secretário-geral, Rafael Bán Jacobsen, valiosa colaboração: as fotocópias de dois ensaios sobre o poeta Francisco Ricardo, patrono da cadeira 39, escritos pelo falecido acadêmico Dario de Bittencourt e publicados em 1936 e 1953.[2] A leitura aguçou meu interesse pela vida de Ricardo na medida em que, focalizando sua personalidade, Bittencourt estudava-lhe as causas da existência plena de desavenças, sem elucidar, contudo, o nebuloso incidente que em 1927, em Santa Maria, resultara no seu falecimento.

Em busca de subsídios, recorri a especialistas de minhas relações residentes naquela cidade, cuja dedicação à história do município, persistência, discernimento e generosidade são méritos proclamados por todos os que têm o privilégio de conhecê-los: a professora Therezinha de Jesus Pires Santos, coordenadora da Casa de Memória Edmundo Cardoso, e o pesquisador Valter Antonio Noal Filho, autor, entre outros livros, de *Os viajantes olham Porto Alegre*, em

---

1. *60 poetas trágicos*. Porto Alegre: L&PM, 2016.

2. **1.** Bittencourt, Dario de. O poeta Francisco Ricardo sob o ângulo da psychanalyse. Separata da *Revista da Academia Riograndense de Letras*. Porto Alegre: Typographia Gundlach, 1936; **2.** Bittencourt, Dario de. Uma interpretação biotipológica do poeta Francisco Ricardo. *Revista da Academia Sul-Riograndense de Letras – 1951/1952*. Porto Alegre: Livraria do Globo, 1953. Obras que, a seguir, serão referenciadas como Bittencourt 1 ou 2.

dois volumes (1754-1890 e 1890-1941), de parceria com o historiador Sérgio da Costa Franco.

Por intermédio da Casa de Memória obtive excelente reprodução fotográfica de Francisco Ricardo, que ofereci à Academia Rio-Grandense de Letras e hoje encabeça a página que a casa lhe tributa, e um sem-número de subsídios iconográficos de subido valor. Através de Valter Noal, que além de franquear seus arquivos pessoais esquadrinhou os acervos do Arquivo Histórico Municipal e da Hemeroteca Digital Brasileira, pude dispor de cópias de jornais contemporâneos de Santa Maria, Porto Alegre e Rio de Janeiro, fotografias, mapas, documentos cartoriais e peças de processos judiciais, e ainda o contato com o médico Aécio César Beltrão, que com admirável desprendimento – antepassados seus participaram do incidente –, proporcionou-me fac-símiles de jornais porto-alegrenses dos anos 20, fotografias e um inestimável depoimento pessoal.

A contribuição de Valter Noal tornou-se tão intensa e progressivamente fundamental no curso do trabalho que me estranhava assiná-lo sozinho, donde lhe pedi que anuísse em ser meu parceiro e coautor, o que aceitou para minha penhorada honra. Sem sua diligente, incansável e preclara investigação este livro não existiria.

Sergio Faraco
Porto Alegre – Setembro de 2016

I

O PERSONAGEM

Francisco Ricardo nasceu em Porto Alegre, no arrabalde do Partenon, em 10 de outubro de 1893, filho de Marcos Ricardo, funcionário da portaria da Faculdade de Medicina, e de Ernestina Pereira Ricardo. Tinha vários irmãos e irmãs, sendo o mais velho. Fez os primeiros estudos com a professora Rita Pires, na Travessa da Olaria, depois Rua Primeiro de Março. Quando adolescente, foi sacristão, como evocou no poema "O vigário de minha freguesia", em livro que não chegou a publicar:

No meu tempo de ingênuo adolescente,
quando eu rezava os terços de Maria,
eu tinha como amigo confidente
o padre do arrabalde em que eu vivia.[3]

Em 1911 perdeu o pai e é desta época seu primeiro poema. Para sustentar a mãe e os irmãos, empregou-se na companhia de seguros Garantia da Amazônia. À noite, frequentava o curso de taquigrafia da Associação Cristã de Moços. Em 1914, para evitar cismas raciais ainda comuns em Porto Alegre – ele era mulato –, transferiu-se para o Rio[4], onde passou a trabalhar como taquígrafo na Companhia de Seguros Sul-América. A saudade de casa o torturava, assim

---

3. No inédito *Os malmequeres que ela desfolhou*. Conf. BITTENCOURT 1, p. 66.

4. BITTENCOURT 2, p. 16.

como a preocupação com o bem-estar da família. Em carta de 22 de setembro ele enviou um soneto para a mãe:

Desde que me apartei do lar querido,
daquele lar singelo e sacrossanto,
trago no peito o coração partido
flutuando na torrente do meu pranto.

Neste espaço de tempo percorrido,
conquanto neste Rio de excelso encanto,
só, desterrado, como um ser banido,
tenho sofrido e delirado tanto!

Tudo me falta! Até notícias! Ai!
Não sei de mim, porque não sei dos meus!
Minh'alma os busca, busca o extinto pai!

Como me dói a dúvida desta hora:
se, feliz, minha mãe medita em Deus
ou se de Deus misericórdia implora![5]

Nos anos 1914-1916 fez os estudos preparatórios e, no ano seguinte, começou a cursar a Faculdade Livre de Direito da Universidade do Rio de Janeiro. Continuava escrevendo, sobretudo sonetos, e mantinha intensa vida literária, convivendo com autores como Hermes Fontes, Alcides Maya e Álvaro Moreyra, e publicando versos em revistas da moda. Em 1917, foi um dos fundadores da Academia Brasileira de Novos[6], que congregava jovens autores enquanto não

---

5. Bittencourt 1, p. 7.

6. *A Noite*. Rio de Janeiro, 31 jul. 1917. Conf. Bittencourt 1, p. 8.

completavam 30 anos. As noites eram reservadas à leitura na Biblioteca Nacional.

De algum modo a questão da cor ainda o embaraçava, pois em 1918, ao tirar a carteira de identidade, declarou-se de cútis branca[7]. Nesse ano, esteve acamado durante 20 dias com a gripe espanhola, e em artigo publicado em Porto Alegre evocou os horrores da epidemia no Rio de Janeiro, com multidões afluindo às farmácias, aos consultórios, às delegacias, as ambulâncias trafegando velozmente em todas as direções e os caminhões abarrotados de cadáveres.[8]

Em 1919 publicou o poemário *Solidão sonora*, que lhe valeu elogios, entre outros, do crítico Silva Dias na revista porto-alegrense *Kodak*, em 12 de outubro de 1918 – antes mesmo do aparecimento do livro –, do poeta Castro Lima na revista paulista *A Cigarra*, em 1º de novembro de 1919, e do poeta Leal Guimarães no *Jornal do Comércio* do Rio de Janeiro, em 14 de novembro do mesmo ano, além de favoráveis comentários de um poeta consagrado como Hermes Fontes[9].

Em 1920 foi aceito no quadro social do Salic Futebol Clube[10], ou seja, ao término dos estudos universitários e com sua poesia já reconhecida, ainda era taquígrafo. O clube, dedicado ao lazer esportivo, fora fundado um ano antes pela Sul-América para recreio de seus funcionários[11].

---

7. Expedida em 20 de agosto de 1918 pelo Gabinete de Identificação e Estatística do Distrito Federal. Protocolo nº 47.764 – Registro Civil nº 97.613. Acervo da Casa de Memória Edmundo Cardoso.

8. *O Exemplo*. Porto Alegre, 8 dez. 1918.

9. Bittencourt 1, p. 19.

10. *O Paiz*. Rio de Janeiro, 9 abr. 1920.

11. Bernhoeft, Renato & Martinez, Chris. *Empresas brasileiras centenárias*. Rio de Janeiro: Agir, 2011. Disponível em: https://books.google.com.br/books?isbn=8522014620

A diplomação dele, em 15 de março de 1921, foi saudada em *O Paiz*, uma confirmação de seu prestígio na capital da república após a publicação do livro: "Com distintas notas acaba de terminar seu curso jurídico na Universidade do Rio de Janeiro o acadêmico e apreciado poeta Francisco Ricardo".[12] Tal renome também se expressa em fotos e tributos em revistas como a carioca *Fon-Fon*, fundada pelo escritor e crítico Gonzaga Duque. Na edição de 20 de novembro de 1920, ele se deixa fotografar ao lado de um juiz e é referido como "poeta finíssimo". Na edição de 18 de abril de 1925, há um soneto em sua homenagem, que o autor assina com o pseudônimo de Gaio Labeão. Começa assim:

Esse, de olhar de reticência, esguio,
de alexandrinas pernas, quase feio,
é o rio-grandense que mais ama o Rio,
é o jovem poeta que eu mais louvo e leio...

As "pernas alexandrinas" eram uma alusão ao 1,85m de Ricardo, numa época em que a estatura média do bra sileiro, nos termos de uma pesquisa dos médicos Leonídio Ribeiro, W. Berardinelli e Isaac Brown, era de 1,68m[13].

Após a formatura, visitou a família em Porto Alegre, no Areal da Baronesa, zona do baixo meretrício nos anos 20. Ali subsistia sua mãe de trabalhos servis. Abatido, retornou ao Rio, e com o auxílio de ex-colegas cujos pais eram políticos e a proteção do presidente de Minas Gerais, Fernando de Melo Viana, tornou-se promotor público em cidades mineiras, primeiramente em Estrela do Sul, depois

12. *O Paiz*. Rio de Janeiro, 18 mar. 1921.

13. Bittencourt 2, p. 96.

em Piranga e Prata. Em 14 de janeiro de 1923, o jornal *Estrela do Sul* noticiava sua chegada:

> (...) impondo-se à admiração e estima gerais, o dr. Ricardo, pelo fulgor do espírito, vasta cultura, nobreza de caráter e bondade de um grande coração, é uma das individualidades mais conhecidas e admiradas no Rio, notadamente nas rodas literárias, onde conquistou o maior renome. A arte o tem, na poesia e na prosa, no jornal e no livro, como coluna de sugestiva imponência.[14]

Outro jornal do Triângulo Mineiro, *Colligação*, em edição de 28 de setembro de 1924, lamentava sua veloz passagem pela cidade:

> Como um aerólito, cortando o espaço e deixando um rastro luminoso, passou por esta cidade o gigantesco e genial poeta dr. Francisco Ricardo, promotor da comarca do Prata. Poucos instantes de palestra com o fecundo vate foram bastantes para tornar-nos intimamente ligados. Era a atração irresistível e fascinante que o gênio exerce. Pena que o dr. Francisco Ricardo tenha se demorado tão pouco, deixando tão viva saudade![15]

Não eram palavras vãs. O poeta era um homem de conversação cativante, atualizado, culto, que compunha versos em francês, como nos sonetos "Azuira", publicado

---

14. Bittencourt 2, p. 13.
15. *Id. ibid.*, p. 13.

no jornal *O Exemplo*, de Porto Alegre, em 8 de setembro de 1916 (Anno I nº 39) e "Le roman de deux soeurs", publicado em 3 de maio de 1925 num pequeno jornal mineiro, *O Commercio.*[16] Sua cotação era tão alta que recebia flores das leitoras citadinas.

Ainda em 1925 resignou a promotoria em Minas Gerais para exercer idêntico cargo em Lagoa Vermelha, assumido em 14 de janeiro de 1926.[17] Morava no Hotel Familiar, pertencente a uma viúva cujo marido, Ulysses T. de Andrade, morrera em 1924 em Clevelândia, no Paraná, em combate contra a Coluna Prestes. Em 29 de março do mesmo ano, nas dependências do hotel, foi baleado pelo advogado João de Paula e Silva, autor do livro *Lagoa Vermelha de ontem e de hoje*. "Questões forenses"[18] foi o eufemismo escolhido pela imprensa para encobrir um escândalo conjugal.[19]

Removido para Cachoeira do Sul, dali saiu por igual motivo, já com nomeação para Santa Maria, onde ocupou a promotoria por brevíssimo período: de 12 de junho a 17 de julho de 1926.[20] Nos meses seguintes, até sua morte, foi juiz distrital,[21] cargo que, com autorização do presidente Borges de Medeiros em 23 de julho, permutara com o amigo José Luiz Natalício.[22] Aparentemente, não se sentia à vontade

---

16. Conf. Bittencourt 1, p. 24.

17. *A Federação*. Porto Alegre, 16 jan. 1926.

18. *O Imparcial*. Rio de Janeiro, 2 abr. 1926; tb. *Correio da Manhã*. Rio de Janeiro, 2 abr. 1926.

19. Bittencourt 1, p. 109-110.

20. Cardoso, Edmundo. *História da Comarca de Santa Maria 1878-1978*. Santa Maria: Imprensa Universitária/UFSM, 1978. p. 88.

21. *Correio da Serra*. Santa Maria, 26 abr. 1927.

22. Cardoso, op. cit., p. 234 e tb. *Correio do Povo*. Porto Alegre, 27 abr. 1927.

como promotor. Um ano antes, escrevera sintomáticos versos que não incluiu em nenhum dos dois volumes inéditos que deixou preparados, *Os malmequeres que ela desfolhou*[23] e *O que as horas deixaram quando foram*:

Que és hoje na lei?
– Eu sou,
desgraçadamente apenas,
aquele que pede penas
para o próximo que errou!

23. Este com o pseudônimo de Telêmaco Junqueira.

II

O CONFLITO

Em Santa Maria, inicialmente, seu cotidiano não diferiu do que lhe fora típico nos anos mineiros. Contribuía para a manutenção da família distante, cumpria os deveres do cargo, à noite participava de saraus organizados por Margarida Lopes, animadora cultural da cidade, e frequentava o Bar do Max, anexo ao cinema ao ar livre que funcionava na esquina sudoeste da Avenida Rio Branco com a Rua Silva Jardim.[24] Ali Ricardo se reunia com amigos e às vezes escrevia seus poemas. Residia no Hotel Kroeff, à Rua Venâncio Aires.

O regresso ao Sul, no entanto, parece ter provocado alterações em sua índole ou quem sabe desvelado traços até então menos nítidos. Modos incivis começaram a se manifestar, ao mesmo tempo em que, pela estação ferroviária, chegavam de Lagoa Vermelha notícias de sua má fama. Em seu contumaz assédio às mulheres, comprometidas ou não – agora se sabia –, deixara um rastro de problemas por onde passara. Não contente com a peripécia lagoense e os ferimentos que tivera, no próprio hospital dera vazão aos seus impulsos, atacando as enfermeiras.[25] Num de seus sonetos, ele escrevera:

Tanto quanto puderes, enche a vida
de uma infinita sede de mulheres:

---

24. Depoimento de José Antônio Brenner a Valter Antonio Noal Filho.
25. Bittencourt 1, p. 110.

elas, fonte de mágica bebida,
saciarão toda sede que tiveres!

Contudo, carecia do respeito que pelo sexo feminino nutria Bertrand Morane em *O homem que amava as mulheres*, de François Truffaut, e em Santa Maria passou a ser rechaçado em suas investidas.[26]

Dario de Bittencourt, que também era mulato, amigo íntimo dele e seu hóspede no Hotel Kroeff dias antes de sua morte, via em Ricardo tendências para atos violentos, e era consabido que portava um revólver de calibre 38 com farta munição sobressalente, arma que, nas horas vagas e quase diariamente, costumava desarmar e lubrificar. E era um narcisista, acrescenta o amigo, demorava-se ao espelho para dar o nó na gravata ou pendurar uma flor à lapela,[27] ao passo que o jornalista Júlio Magalhães deixou registrado um complemento: era um D. Juan que se maquiava com ruge e pó de arroz[28]. Em seus indefectíveis passeios pela praça, caminhava "pausadamente, compassadamente", algo tão esquisito que um escrivão lhe dera a alcunha de "O senhor dos passos perdidos".[29]

Bittencourt também alude a algo que excede o interesse masculino pelas mulheres, ainda que intenso: seu descontrolado ímpeto sexual. Era um "neurótico olfativo", um *coureur de femmes*, como o Casanova de Stefan Zweig, ao qual bastava ouvir uma risada feminina para que *ses narines frémissent.*[30] E complementa:

26. *Gaspar Martins*. Santa Maria, 2 maio 1927.

27. Bittencourt 1, p. 103.

28. *Gaspar Martins*. Santa Maria, 9 maio 1927.

29. Bittencourt 2, p. 42.

30. *Id.*, p. 108.

> (...) então, seus grandes olhos faiscavam com estranho e fulmíneo fulgor, rebrilhando as pupilas de felino, resfolegando as narinas inflantes, as ventas às escâncaras, tal e qual um fauno caprípede na perseguição de uma ninfa.[31]

De resto, era praticante de cultos africanos, em seu quarto Bittencourt achou uma pulseira feita de corrente de ferro, a joia de Bará, orixá padroeiro da lascívia e dos prazeres do sexo.[32]

Em janeiro de 1927, já como juiz distrital, protagonizou um escândalo que o jornal *Gaspar Martins* noticiou, mas não descreveu:

> (...) um juiz useiro e vezeiro nos desaforos, nas ousadias bem conhecidas nesta cidade, onde ele fez o que é notoriamente sabido e teria sido posto em pratos limpos pelo Correio da Serra se não fosse a intervenção de um ilustre cavalheiro desta terra, como se vê pelo referido jornal dos dias 1º, 2 e 4 de fevereiro do corrente ano.[33]

De fato, em 1º de fevereiro o sobredito *Correio da Serra*, sem identificar o poeta, tinha reclamado em voz alta:

> SENSACIONAL!
> Em torno de um escândalo
> A nossa ativa reportagem está em campo, desde

31. Bittencourt 1, p. 27-28.

32. *Id.*, p. 74-75.

33. *Gaspar Martins*. Santa Maria, 9 maio 1927.

ontem, pela manhã, no sentido de colher informes minuciosos sobre um escândalo que se diz haver ocorrido domingo à noite, nas imediações do Cinema Universal, nele figurando como protagonista, um cavalheiro que nesta cidade se acha investido do exercício de altas funções públicas.[34]

E no dia 2:

O GRANDE ESCÂNDALO DE DOMINGO
Continua em campo a nossa reportagem em torno de um escândalo ocorrido domingo transato, à 1h30min da tarde e não à noite, como por engano noticiamos. O fato foi registrado e dele já possuímos certos e determinados detalhes, o que nos autoriza a desvendá-lo publicamente, apontando à sociedade o "indesejável" que não sabe corresponder ao carinhoso acolhimento recebido. Ainda por toda essa semana o Correio da Serra iniciará essa campanha de saneamento moral.[35]

O misterioso fato, porém, foi abafado, e dois dias depois o jornal teve de confessar, com infundada vanglória, que cedera à pressão dos maiorais da terra, membros do judiciário e da cúpula policial:

EM TORNO DE UM ESCÂNDALO
Por interferência de distintos cavalheiros desta cidade, dignos do nosso acatamento e consideração, resolvemos desistir de tratar do escandaloso fato há dias

34. *Correio da Serra*. Santa Maria, 1º fev. 1927.
35. *Id.*, 2 fev. 1927.

aqui ocorrido e já sobejamente conhecido do público santa-mariense. Estávamos, já, munidos de valiosos documentos, e a bomba, por certo, estouraria...[36]

Mas a bomba do *Correio da Serra* não estourou em fevereiro e tampouco estouraria em março, quando o *Gaspar Martins* voltou a comentar a ocultação do ato que Ricardo praticara, acusando diretamente o subchefe da polícia, dr. João Bonumá, em corajosa carta aberta:

> É bem sabido que foi o sr. que ainda há pouco obstou que um jornal desta sua terra botasse em pratos limpos o fato escandalosíssimo ocorrido na frente do Cinema Universal, entre um alto funcionário da justiça e..., sendo oportuno dizer que, segundo consta, lá para os lados de Lagoa Vermelha ou Vacaria já houve algo que deixa ver que o fato ocorrido na frente do Cinema Universal confirma o rifão do cesteiro que faz um cesto...[37]

Acuado pela imprensa e pelo clamor social, desmoralizado, mas ainda sem o arrefecimento de suas "ardências temperamentais" (Bittencourt), entreviu o poeta a chance de satisfazê-las através de uma ingênua e inculta mulher casada que vivia recolhida à casa, devotada aos serviços domésticos e às sete crianças que dela dependiam nos cuidados diários.

Rosa Calderan Beltrão, nascida em 30 de agosto de 1897 em Santa Maria, segundo sua Certidão de Casamento[38],

---

36. *Id.*, 4 fev. 1927.

37. *Gaspar Martins*. Santa Maria, 14 mar. 1927.

38. Livro B-9, fls.143, nº 65 do Registro Civil das Pessoas Naturais de Santa Maria.

era mãe de quatro filhos, as outras três crianças ela herdara do primeiro casamento do marido, Pedro da Silva Beltrão, que enviuvara em 31 de janeiro de 1919 justamente da irmã dela, Henriqueta Calderan Beltrão. Casara-se em 19 de julho de 1920 com o ex-cunhado, abonado sócio da firma Beltrão & Cia., proprietária de duas lojas de calçados, a Casa São Paulo e a Casa Royal. Na palavra de quem a conheceu, aos 29 anos era uma mulher *mignon* e sem grandes atrativos. Pedro, por sua vez, tinha 35 anos, nascera em 17 de setembro de 1891, em Tupanciretã[39].

Inaugurou-se o enredo com gracejos que o poeta dirigia a Rosa nas raras ocasiões em que a via, e dessas impertinências ela deu ciência ao marido[40], um homem que, como o juiz distrital, também andava armado e lhe mandou um recado ameaçador: se não parasse, iria "sapecar-lhe as pernas".[41] Esboçava-se o conflito, mas o poeta, ou não recebeu o recado, ou não se apercebeu dos riscos iminentes, presa de seus ardores, ou já se habituara com o perigo ao ponto de desprezá-lo, o que é plausível: "Os amigos chamaram, vastas vezes, sua atenção para o perigo a que se expunha", fez constar Bittencourt, "mas ele não admitia tais conselhos".[42] Dez anos antes, em quadrinha de seu diário poético, ele escrevera:

Quem traça nosso destino,
diga-se o que se disser,

---

39. Depoimento de Aécio César Beltrão a Sergio Faraco.

40. *Correio do Povo*. Porto Alegre, 27 abr. 1927; tb. *Gaspar Martins*. Santa Maria, 2 maio 1927.

41. *Id. Ibid.*

42. Bittencourt 2, p. 14.

não é Deus, o ser divino,
é o demônio da mulher![43]

E persistia no assédio a Rosa, tão obcecado que percorria várias vezes por dia as calçadas da Avenida Rio Branco, isto é, justamente o logradouro em que ela morava com o marido no nº 11, um chalé ao lado do palacete do médico italiano Nicola Turi[44].

---

43. *O Exemplo*. Porto Alegre, 8 jul. 1917.
44. *Id*., p. 25.

III

Ato 1

23 de abril de 1927, passa das oito da noite. Pedro conversa com amigos na Rua Dr. Bozano, como em regra após a janta. A temperatura cai, e ele resolve passar em casa para se agasalhar. Não encontra a esposa, informam-lhe que recém ela saíra para comprar "linhas em novelos" na Casa Leão de Júlio Russowsky[45], quase quatro quadras lançante abaixo, no nº 57 da avenida, à esquina com a Rua Ernesto Beck.

Pedro veste o sobretudo e, ao sair, o susto, o pasmo: ele vê Ricardo, que também desce a avenida. Em seus sentimentos avulta-se não só a revolta contra os abusos daquele homem que não o respeita, avulta-se a suspeita, por não ter encontrado Rosa em casa.

Decide segui-lo.

O *script* está pronto. Cada personagem tem seu papel determinado. Em minutos, vão se defrontar com seus destinos.

Pedro segue Ricardo, e logo já não é só o poeta que ele segue: vê mais à frente sua esposa. E vê mais: o poeta a ultrapassa e a cumprimenta, continuando ambos a descida e "indo ela atrás".[46] E ao longo dessas quadras, nem uma só vez lhes ocorre um olhar à retaguarda, calçada acima, de

45. Conf. *Anuário-Indicador do Rio Grande do Sul*, 1927 – 8ª Série, dirigido por A. G. Lima. Publicidade no alto da p. 249. A Casa Leão vendia por atacado e a varejo, e oferecia à clientela tecidos, miudezas diversas, produtos de armarinho e roupas feitas de sua fabricação.

46. *Correio do Povo*. Porto Alegre, 27 abr. 1927.

onde vem, em céleres passadas, aquele que traz na alma atormentada o fadário de duas famílias. Na quarta esquina, Ricardo dobra à esquerda, toma a mal-iluminada Rua Ernesto Beck, na quadra entre a Avenida Rio Branco e a Rua Floriano Peixoto. Rosa não precisa entrar nessa rua – não era na Casa Leão que iria? –, mas ultrapassa seu suposto objetivo e entra, no encalço do poeta. E desaparecem ambos na penumbra[47].

20h30min. Vai começar a tragédia.

O "ancião" Arthur Rodrigues Nunes, "mais de 58 anos", morador nos fundos da Casa Leão, na parte que dá para a Rua Ernesto Beck, ao sair pelo portão avista um homem de baixa estatura com um comprido sobretudo que caminha apressadamente, vindo da avenida[48]. É Pedro, que avança pela Rua Ernesto Beck e vê "a muitos metros da esquina" sua esposa a conversar com Ricardo, quase defronte à casa do exator estadual e também poeta João Monteiro Valle Machado.[49]

– Filho da puta![50] – ele grita, já de revólver na mão.

O outro, rapidamente, põe seu 38 em posição.

47. *Id. ibid.*

48. *Id. ibid.*

49. Ou de Ernesto Marques da Rocha, segundo depoimento de Aécio César Beltrão a Sergio Faraco.

50. No inquérito policial. Conf. Bittencourt 2, p. 103 e 110.

IV

Entreato

Há um enigma neste conflito que talvez jamais seja decifrado. O que Rosa fazia ali, distante de sua residência, naquele horário e numa rua escura, acompanhada de um homem cuja fama era por todos conhecida e verberada?

Até então, era uma mulher de reputação ilibada[51] e se tem como provado que, algum tempo antes, notificara o marido da obstinação do poeta. O encontro pode ter sido uma iniciativa dele, própria de suas inclinações: vira-a na avenida e a perseguira. Segundo um relato familiar, Rosa estaria acompanhada de uma filha de dois anos e cinco meses, Eda. Frise-se ainda que um dos filhos do primeiro casamento de Pedro, Odacir, relataria mais tarde que sua madrasta tinha ido à Rua Ernesto Beck para pedir a Ricardo que a deixasse em paz.[52] Também cabe destacar que, dois dias antes de morrer, o poeta escreveu no Bar do Max um poema intitulado "Saudade" - publicado um mês depois -, e nele lamentava não ter conseguido seduzir uma mulher, ou seja, a "saudade" do que nunca teve, daquilo que sempre quis fazer e não fez:

Saudade... doce desgraça...
minha desgraça querida...
Saudade... um vulto que passa
no inferno da minha vida...

---

51. *Gaspar Martins*. Santa Maria, 2 e 9 maio 1927.

52. Depoimento de Aécio César Beltrão a Sergio Faraco.

Saudade... aquilo que eu quis
mas nunca te pedi...
Saudade... o anseio que diz
que nada ganhei de ti...

Saudade daquilo tudo
que eu quis fazer e não fiz...
deixando meu lábio... mudo!
e o meu desejo... infeliz!

Saudade... dia sem sol
que passo pensando em ti...
supondo ouvir rouxinol
no canto da juriti!

Saudade... voz do desejo...
dor que em meu corpo murmura...
Saudade... estrada de um beijo
que sem beijo te procura!

Saudade... calor que deixa
tua mão na minha mão...
Saudade... calada queixa
que te faz meu coração... [53]

Mas outras pendências.

Rosa foi ultrapassada pelo poeta e o cumprimentou. Se desejava evitá-lo, não era o caso de fazer meia-volta? Ou quem sabe repreendê-lo ali mesmo, às claras, por suas

53. *O Exemplo*. Porto Alegre, 13 maio 1927 *apud* BITTENCOURT 1, p. 25.

demasias? Além disso, testemunhos de populares que a viram na Rua Ernesto Beck – um homem chegou a conversar com ela – não mencionam nenhuma criança. Acresce que ela admitiu conversar em local pouco recomendável com um homem que supostamente a molestava, procedimento que teria sido, consoante seu próprio paladino na imprensa santa-mariense, Júlio Magalhães, um "grande erro", uma "grave falta", um "imenso pecado",[54] adjetivação incompreensível se ele não conhecesse fatos que desconhecemos. E que fatos seriam? "(...) Isso que os amigos desse juiz estão dizendo é uma infâmia, uma indignidade", brada o redator do *Gaspar Martins*. Considerando-se sua veemente defesa da viúva contra o noticiário do *Diário do Interior*, tais fatos indicariam que, de acordo com o mesmo jornal, Rosa tinha alguma responsabilidade no cerco que sofria.[55]

Suposições aqui e mais acima. Especulações. Não há respostas, prosperam tão só perguntas. Não há verdades. Nem mentiras.

---

54. *Gaspar Martins*. Santa Maria, 2 maio 1927.

55. *Id.*, 2 e 9 maio 1927.

V
Ato 2

O "ancião" Arthur ouve vários disparos, seis em uma versão,[56] oito em outra[57] – o 38 do poeta teria cinco cápsulas deflagradas –, e se esconde atrás do muro. Três tiros atingem a fachada da casa do exator.

– Ainda não morreste! – ele ouve alguém protestar, e certamente é Pedro.

Arthur retorna à rua e constata que já há algumas pessoas ao redor de um homem no chão. Ouve também muitos gritos (Rosa?). Mas quem primeiro chegou, após cessarem os tiros, foi certo Edmundo Ávila. Ele vê a mulher a pequena distância do ferido, que se esvai em sangue, e pergunta: "Quem é?". Ela responde que é o marido. Ávila reconhece Pedro, que fala com dificuldade e acusa o poeta – mas o poeta, aquele que "ainda não morreu", não se encontra ali. Ávila também reconhece Rosa e providencia a remoção do ferido para o Hospital de Caridade.[58]

Pedro recebeu dois ferimentos, um de raspão no rosto e outro na parte superior e posterior da coxa esquerda, bala que desviou para cima e lhe perfurou os intestinos: é a versão do *Correio do Povo*.[59] Em outra, o ferimento que causou a lesão intestinal e a hemorragia interna teria sido no abdômen: é o que revelam o *Diário de Notícias*[60] e o registro

---

56. *A Federação*. Porto Alegre, 25 abr. 1927.

57. *Correio do Povo*. Porto Alegre, 27 abr. 1927.

58. *Id. ibid.*

59. *Id. ibid.*

60. *Diário de Notícias*. Porto Alegre, 26 abr. 1927.

de óbito.[61] Foi operado pelos médicos Severo do Amaral e Lamartine Souza.

Entrementes, o delegado de polícia Adalardo Soares de Freitas procura em vão Francisco Ricardo, julgando-o ileso e foragido. Por volta das 22h, os jornalistas Olavo Gianelli e Oswaldo Barcellos, do *Diário do Interior*, chegam à Rua Ernesto Beck para obter mais informações. Um transeunte informa que escutou gemidos e chamados entre a vegetação de um terreno baldio da vizinhança e não se animara a averiguar por receio de uma cilada. Os jornalistas vão até lá e escutam alguém pedir com voz sumida: "Venha cá, venha cá". Aproximam-se. É Ricardo que, após ser atingido, caminhara um tanto até tombar no macegoso recesso.[62]

---

61. Livro C-12, fls. 115, nº 220 do Registro Civil de Pessoas Naturais de Santa Maria.

62. *Diário de Notícias*. Porto Alegre, 26 abr. 1927.

VI
Epílogo

Os tiros do marido de Rosa tinham causado irreversíveis danos no pulmão esquerdo e no intestino do poeta, que se agravaram pela demora no atendimento. Transportado para o Hospital de Caridade, foi operado na madrugada do dia 24 pelos mesmos cirurgiões que tinham atendido seu oponente, assistidos por Nicola Turi. Não resistiu, contudo, à peritonite, e morreu às 21h do mesmo dia 24, "após prolongada agonia"[63], com a idade de 33 anos e seis meses. Foi sepultado no dia seguinte, às 10h, com grande acompanhamento[64] – compareceram o juiz da comarca, Álvaro Leal, o promotor José Luiz Natalício, funcionários do foro e Margarida Lopes. O juiz determinou a suspensão das audiências e o fechamento dos serviços cartoriais em sua homenagem. Nos anos seguintes – e durante muitos anos –, nos dias 10 de outubro e 24 de abril sua lápide amanheceria coberta de flores,[65] trazidas, quem sabe, por pessoas que não desejavam identificar-se.

Pedro Beltrão resistiu um pouco mais. No dia 27, quarta-feira, os médicos informaram que, desde o dia anterior, tivera uma ligeira melhora e, lúcido, conversara com amigos e policiais, sem saber que Ricardo falecera e que ele mesmo não conseguiria sobreviver. À 1h30min da madrugada do dia 28, quinta-feira, ele faleceu. A cerimônia

63. *Correio do Povo*. Porto Alegre, 27 abr. 1927.

64. *A Federação*. Porto Alegre, 25 abr. 1927; tb. *A Noite*. Rio de Janeiro, 26 abr. 1927.

65. Bittencourt 1, p. 15.

de seu sepultamento foi um ato multitudinário como havia muito não se via na cidade, e a imprensa o guindou a um controverso patamar de nobreza:

> Agindo como agiu, bem demonstrou ele a intensidade dos seus sentimentos de dignidade e que a virilidade da nossa raça não está de todo desvirtuada, pois que ainda há homens que preferem perder a vida, a conservá-la, sob a dúvida, sequer, de estar manchada.[66]

Encerrava-se ali mais um capítulo da história de Santa Maria, cidade cuja memória ainda não se recuperara de outro conflito igualmente mortal e de semelhante repercussão por envolver pessoas de prestígio social, o assassinato do poeta Ernani Chagas em 1921, também em abril e também por causa de uma mulher, Herocilda Moreira, e o suicídio do assassino Olmiro Antunes, por envenenamento, em dezembro de 1922.

A morte de Ernani é referida em obra capital para o conhecimento da história da cidade, a *Cronologia histórica de Santa Maria e do extinto município de São Martinho 1787-1930*,[67] mas o confronto e as mortes de Francisco Ricardo e Pedro da Silva Beltrão ali não figuram. Compreenda-se altruisticamente essa omissão, conquanto não se possa justificá-la. Quem a escreveu foi Romeu Beltrão, filho de Pedro da Silva Beltrão e de Henriqueta Calderan Beltrão e portanto enteado da mulher que foi a causa da morte de dois homens.

---

66. *Correio da Serra*. Santa Maria, 29 abr. 1927.

67. Santa Maria: Pallotti, 1958.

TRANSCRIÇÕES

Imprensa

Jornal O PAIZ
Rio de Janeiro, 9 de abril de 1920

FRANCISCO RICARDO NO SALIC F.C.

Sabemos que acaba de ser proposto para o quadro social do Salic F.C., o jovem poeta, distinto jurisconsulto e estimado taquígrafo da Sul-América, dr. Francisco Ricardo. Por este motivo, o Salic F.C. está de parabéns, pois, além de perfeito *gentleman*, Francisco Ricardo é também um esforçado, um trabalhador, e nele terá o Salic mais um baluarte.

Jornal O PAIZ
Rio de Janeiro, 18 de março de 1921

(Sem título)

Com distintas notas acaba de terminar o curso jurídico na Universidade do Rio de Janeiro o acadêmico e apreciado poeta Francisco Ricardo.

Jornal A FEDERAÇÃO
Porto Alegre, 16 de janeiro de 1926

NOTÍCIAS DE LAGOA VERMELHA

L. VERMELHA, 14 – Chegou hoje, aqui, o dr. Francisco Ricardo, recentemente nomeado promotor desta comarca.

S.s. assumiu hoje mesmo as funções do cargo.

Jornal O GLOBO
Rio de Janeiro, 1º de abril de 1926

DOIS ADVOGADOS QUE SE AGREDIRAM A TIROS

PORTO ALEGRE, 1 (A.A.) – Telegrafam de Lagoa Vermelha que no Hotel Familiar, daquela localidade, houve um incidente, por questões forenses, entre os drs. Francisco Ricardo, promotor público, e João Paulo da Silva,[1] advogado, sendo trocados vários tiros.

A polícia tomou conhecimento do fato, tendo aberto inquérito. O primeiro dos dois contendores saiu ferido, tendo sido preso seu agressor.

Jornal O IMPARCIAL

Rio de Janeiro, 2 de abril de 1926

INCIDENTE POR QUESTÕES

PORTO ALEGRE, 1 (A.A.) – Telegrafam de Lagoa Vermelha que no Hotel Familiar, daquela localidade, houve um incidente, por questões forenses, entre os drs. Francisco Ricardo, promotor público, e João Paulo da Silva[2], advogado, sendo trocados diversos tiros.

A polícia tomou conhecimento do fato, tendo aberto inquérito. O primeiro dos contendores saiu ferido, tendo sido preso o seu agressor.

Jornal CORREIO DA MANHÃ

Rio de Janeiro, 2 de abril de 1926

INCIDENTE EM LAGOA VERMELHA, NO RIO GRANDE DO SUL

Um advogado alveja o promotor da Câmara[3]

PORTO ALEGRE, 31 (do correspondente) – Informações telegráficas de Lagoa Vermelha dizem que no Hotel Familiar, por questões forenses, houve um incidente entre os drs. Francisco Ricardo, promotor da comarca, e João de Paiva e Silva[4], advogado deste foro, havendo troca de tiros.

Do conflito saiu ferido o promotor e, segundo informou uma testemunha ocular, o dr. João de Paiva e Silva agiu em legítima defesa. O delegado de polícia prendeu este e abriu inquérito.

1. João de Paula e Silva.
2. V. nota 1.
3. Promotor da Comarca.
4. V. nota 1.

Jornal A FEDERAÇÃO

Porto Alegre, 9 de abril de 1926

LAGOA VERMELHA, 8 – O advogado João de Paula requereu novo exame médico no dr. Francisco Ricardo, ferido a bala por aquele advogado no dia 28 do mês passado.

Foi nomeado perito o dr. João Carlos Lopes e o dr. Ricardo Borowski, para desempatador.

LAGOA VERMELHA, 8 – Pelo advogado Trajano Machado, promotor público *ad hoc*, foi oferecida denúncia contra o advogado João de Paula, por ferimentos graves praticados na pessoa do dr. Francisco Ricardo, promotor público da comarca, no dia 29 do mês passado.

Jornal A FEDERAÇÃO

Porto Alegre, 23 de julho de 1926

JUIZADO DISTRITAL DE SANTA MARIA

O dr. Borges de Medeiros, presidente do Estado, nomeou, por ato de hoje, juiz distrital da sede do termo de Santa Maria, o bacharel Francisco Ricardo.

Jornal CORREIO DA SERRA

Santa Maria, 24 de abril de 1927

IMPRESSIONANTE CENA DE SANGUE
OS DOIS CONTENDORES SAEM GRAVEMENTE FERIDOS
OS SUCESSOS ABALAM A POPULAÇÃO
OUTRAS NOTAS

À hora em que começamos a escrever esta, achava-se sobre a mesa de operações, no Hospital de Caridade, o sr. Pedro da Silva Beltrão, coproprietário da Casa São Paulo, vítima de ferimentos de bala, de natureza gravíssima.

Ainda não nos tinha sido possível discriminá-los e nem fazer uma completa luz sobre as causas deles.

O sr. Beltrão foi encontrado por sua exma. esposa, já baleado, nas proximidades da casa de residência do sr. João Monteiro Valle

Machado, à Rua Ernesto Beck, a quem declarou ter sido ferido pelo dr. Francisco Ricardo, juiz distrital desta cidade.

A outras pessoas, já no hospital, fez a mesma declaração, sem, porém, mais nada adiantar, devido ao seu grave estado.

Pessoas há que referem ter ouvido cinco ou seis tiros, o que parece se confirmar, dando também ensejo a acreditar-se em uma luta, pois o revólver do ferido tinha três cápsulas detonadas.

As autoridades policiais, tendo à frente o dr. subchefe de polícia e o sr. delegado de polícia, logo após o fato, puseram-se em ação, empenhadas em esclarecer os pontos ainda misteriosos do sangrento acontecimento.

Também tomaram diversas providências, no sentido de encontrar o dr. Ricardo, sem que elas tenham dado resultado às primeiras horas.

A nossa reportagem colheu antecedentes que, a se confirmarem, terão dado causa ao encontro armado dos dois contendores. Sendo, porém, de natureza delicada, nada mais avançamos, sem um estudo mais profundo.

*

A notícia do fato impressionou vivamente nossa sociedade, dada a situação de destaque que ocupam nela as duas pessoas nele envolvidas.

Por todos os pontos formaram-se grupos, tecendo comentários e analisando a conduta do autor dos ferimentos.

Ao Hospital de Caridade acorreram logo inúmeras pessoas, pois o sr. Pedro Beltrão goza de grande conceito e é vastamente relacionado entre nós.

*

Com mais conhecimento dos fatos e de posse de elementos comprobatórios, voltaremos ao assunto e não recuaremos em assumir a atitude que a defesa da nossa sociedade nos indicar.

*

A sucessão dos fatos continua cada vez mais impressionando a população.

Por eles, fica confirmada a luta a que aludimos acima. Ela teria sido de caráter violento, saindo ambos os contendores dela quase sem vida.

O dr. Francisco Ricardo, algumas horas depois, foi encontrado caído em uns terrenos nas proximidades do local onde se desenrolou a contenda.

Apresentava ele dois ferimentos de bala: um, interessando o pulmão esquerdo; e o outro, no ventre. Ambos são de natureza muito grave e o abandono em que ficou mais agravou seu estado.

Recolhido também ao Hospital de Caridade, está sendo medicado.

Há poucas esperanças de salvação para ambos.

*

Ao encerrarmos o expediente da redação, cerca de duas horas de hoje, continuava a inspirar sérios cuidados o estado dos protagonistas da impressionante cena de sangue ontem ocorrida.

Jornal O GLOBO

Rio de Janeiro, 25 de abril de 1927

IMPRESSIONANTE CENA DE SANGUE EM SANTA MARIA

Os seus protagonistas gravemente feridos a bala

SANTA MARIA, 24 (A.A.) – Ocorreu hoje[5], nesta cidade, impressionante cena de sangue entre o dr. Francisco Ricardo, juiz distrital, e o sr. Pedro Beltrão, proprietário em S. Paulo.[6]

A luta desenrolou-se em um local escuro, situado à Rua Ernesto Beck, saindo o sr. Beltrão ferido a bala que interessou os intestinos. O mesmo foi conduzido para o Hospital de Caridade e submetido a uma intervenção cirúrgica.

O dr. Chagas Ricardo [sic] foi encontrado, horas depois, em um terreno um pouco afastado do local, com dois balaços, sendo um interessando o pulmão esquerdo e o outro no ventre. Foi também internado em estado desesperador no mesmo hospital.

---

5. Na verdade, um dia antes.

6. Na verdade, proprietário da Casa São Paulo, em Santa Maria.

Jornal A FEDERAÇÃO
Porto Alegre, 25 de abril de 1927
NOTÍCIAS DE SANTA MARIA

SANTA MARIA, 25 – O dr. Francisco Ricardo, falecido ontem em consequência dos ferimentos recebidos no conflito travado com o sr. Pedro Beltrão, foi hoje sepultado.

Seu sepultamento realizou-se às dez horas, com grande acompanhamento, tendo comparecido o dr. juiz de comarca, representantes da 5ª Brigada, funcionários do foro, advogados, imprensa, comissão executiva e numerosos amigos.

Jornal CORREIO DA SERRA
Santa Maria, 26 de abril de 1927

AINDA A IMPRESSIONANTE TRAGÉDIA DE SÁBADO
A IMPRESSÃO CAUSADA PELO SANGRENTO ACONTECIMENTO
MORTE DE UM DOS CONTENDORES
OUTRAS NOTAS

A nossa população continua emocionada, presa ao desvendar das causas que deram lugar à sangrenta cena, em que tomaram parte o dr. Francisco Ricardo, juiz distrital desta cidade, e o sr. Pedro da Silva Beltrão, do alto comércio local.

A morte de um dos contendores desviou, em parte, a atenção pública da sua personalidade e acha-se voltada para a pessoa do outro, que debate-se, quase *in extremis*, com a morte, em um quarto particular do Hospital de Caridade.

A sua agonia lenta, dolorosa, é acompanhada com simpática emoção, porque todos veem, na figura do ferido, um homem que faz jus à admiração de seus pares, pelo elevado caráter, pela sua concentração ao trabalho e como chefe de família.

Todos lamentam a triste contingência a que foi arrastado, certamente que por motivos que dizem bem com seu caráter ilibado.

E dessa contenda, que tanto agitou a nossa população, que deu motivo a ser aberta uma sepultura e estar outra quase preparada, o que se evidenciou, para justificá-la?

Simplesmente as veleidades de conquistador daquele que já deixou de existir e que, por isso mesmo, vai merecer lancemos sobre sua memória o nosso manto de respeito que é devido aos mortos.

Ele pagou com a vida a sua errada compreensão, com relação a certos deveres sociais. Que descanse em paz e que a lição seja aprendida.

Os nossos votos, e bem sinceros, são pela salvação do contendor ainda vivo.

A morte do dr. Francisco Polly Ricardo ocorreu às 21 horas de domingo, sendo sepultado com condigna pompa e a expensas do foro.

O dr. Álvaro Leal, juiz da comarca, em sua audiência ordinária de ontem, mandou lavrar nos protocolos das escrivanias, um voto de profundo pesar, determinando a suspensão do expediente.

O finado era solteiro, contava 31 anos de idade, e era natural de Porto Alegre, onde reside sua exma. progenitora, d. Ernestina Ricardo.

Formado no Rio de Janeiro, foi Promotor Público em diversas comarcas de Minas Gerais, inclusive a de Viçosa; e, no nosso Estado, em Lagoa Vermelha, Cachoeira e nesta cidade, onde, ultimamente, exercia, aliás com integridade, as funções de juiz distrital.

Colaborava na imprensa do Rio e deixou publicado o livro *Solidão sonora*, e tinha pronto a imprimir *Os malmequeres*.

*

Segundo nos informaram, uma das pitonisas que tornaram públicas as suas profecias, fez uma previsão, mais ou menos nos seguintes termos: "Numa cidade do interior dum Estado do sul dar-se-á uma tragédia entre um magistrado e um forte comerciante, perdendo ambos a vida, sendo causa uma mulher".

*

O sr. Pedro Beltrão, às últimas horas, passava bem mal, lutando os seus médicos para salvar-lhe a vida.

Jornal DIÁRIO DE NOTÍCIAS
Porto Alegre, 26 de abril de 1927

A SANGRENTA OCORRÊNCIA DE SANTA MARIA

Como se desenrolou o conflito entre o dr. Francisco Ricardo e o sr. Pedro Beltrão / Aquele faleceu anteontem e este continuava ontem em estado gravíssimo / O que informam nossos telegramas

O serviço telegráfico de anteontem do *Diário de Notícias*, por um despacho que nos dirigira o nosso ativo correspondente em Santa Maria, informou haver-se desenrolado, no sábado à noite, naquela cidade, do qual haviam saído gravemente feridos [ilegível]. Estes eram o dr. Francisco Ricardo, juiz distrital daquela cidade, e o sr. Pedro da Silva Beltrão, figura destacada do comércio dali, onde a firma de que faz parte, Beltrão & Cia., é proprietária das casas São Paulo e Royal.

Conhecem-se, agora, mais detalhes do fato.

Seis tiros de revólver

Às 20h30min, mais ou menos, de sábado, pessoas que se achavam na Rua Ernesto Beck, na quadra compreendida entre a Avenida Rio Branco e a Rua Floriano Peixoto, naquela cidade, foram alarmados, de súbito, pela detonação consecutiva de seis tiros de revólver, à primeira daquelas ruas.

Os componentes do citado grupo dirigiram-se, imediatamente, para o local de onde haviam sido disparados os tiros, ali encontrando, quase morto, esvaindo-se em sangue, uma das vítimas do conflito: o sr. Pedro Beltrão.

Interrogado pelo sr. Edmundo Ávila, um dos que para ali tinham se dirigido, o sr. Pedro Beltrão, que mal podia falar, disse haver sido ferido pelo dr. Francisco Ricardo.

Para o Hospital de Caridade

Dada a gravidade dos ferimentos do sr. Beltrão, os que para o local do crime correram trataram de conduzi-lo, sem perda de tempo, para o Hospital de Caridade, onde, logo após sua chegada, os drs. Severo do Amaral e Lamartine Souza, o submeteram a uma delicada operação de urgência.

Duas das balas o haviam atingido, uma no ventre e outra na perna esquerda. A primeira lhe produzira forte hemorragia interna, ocasionando, também, a perfuração dos intestinos.

Logo após a operação, compareceram ao Hospital de Caridade numerosos amigos do sr. Pedro Beltrão, inclusive grande número de comerciantes. O estado do ferido continuava a ser, como antes, gravíssimo, havendo pouca esperança de salvá-lo.

Em procura do outro contendor

As autoridades de Santa Maria submeteram o ferido, no hospital, ao auto de corpo de delito, tomando ao mesmo tempo, providências para a captura do dr. Francisco Ricardo, que julgavam ileso. Embora bastante procurado, não foi ele encontrado, no momento, em parte alguma.

Também ferido

Às 22h, porém, os srs. Olavo Gianelli e Oswaldo Barcellos, este pertencente à redação do *Diário do Interior*, dirigindo-se ao local do conflito para obterem informações, encontraram-se com um transeunte que lhes disse ter ouvido, próximo dali, gemidos e chamados de alguém que devia encontrar-se entre algumas árvores existentes em um terreno baldio da Rua Ernesto Beck.

O transeunte declarou-lhes, ainda, que não atendera ao chamado por julgar tratar-se de alguma cilada.

Os srs. Oswaldo Barcellos e Olavo Gianelli aproximaram-se do local mencionado, com o transeunte que lhes dera as informações, ouvindo, então, uma voz que dizia: "Venha cá".

Procurando ver do que se tratava, encontraram eles, ali, caído, o dr. Francisco Ricardo, que demonstrando estar gravemente ferido, tinha grande dificuldade em falar.

Avisado, compareceu ao local o tenente Adalardo Freitas, delegado de polícia, que mandou fosse o ferido transportado para o Hospital de Caridade.

Ali atenderam-no os drs. Lamartine Souza, Amaral e Nicola Turi, que o submeteram a uma intervenção cirúrgica de urgência.

Aqueles facultativos encontraram três ferimentos: um no ventre, um no pulso esquerdo e outro no peito, do lado esquerdo.

Falece um dos contendores

Domingo, à noite, conforme se verá dos nossos telegramas, agravou-se ainda mais o estado de saúde do dr. Francisco Ricardo, que, por volta das 23 horas, exalou o último suspiro, cercado por grande número de amigos. O seu enterro realizou-se ontem, pela manhã, com grande acompanhamento, em Santa Maria, em cujo cemitério foi inumado.

Quem era o dr. Francisco Ricardo

O dr. Francisco Ricardo, que era bacharel, contava trinta anos de idade. Há cerca de três anos voltara ele ao Rio Grande, depois de haver terminado o curso de Direito no Rio de Janeiro. Desempenhou as funções de promotor público em Lagoa Vermelha, exercendo depois cargo idêntico em Santa Maria e, posteriormente, o de juiz distrital naquela cidade.

Poeta bastante apreciado deixa ele um livro de versos publicado.

O estado de saúde do sr. Beltrão

Conforme se vê, pelos telegramas que adiante publicamos, o estado de saúde do sr. Pedro da Silva Beltrão continuava, até ontem à noite, muito grave. O sr. Beltrão, que é casado em segundas núpcias, e tem filhos menores, conta 34 anos de idade.

O que informam os nossos telegramas

Eis a seguir, os telegramas que, sobre o assunto, nos foram transmitidos pelo nosso correspondente em Santa Maria:

SANTA MARIA, 24 – Em consequência dos ferimentos recebidos na tragédia da Rua Ernesto Beck, faleceu, hoje, o dr. Francisco Ricardo, juiz distrital da sede deste município.

Seu contendor, sr. Pedro Beltrão, continua em estado gravíssimo.

SANTA MARIA, 25 – Perdura ainda, aqui, a forte impressão causada pelo conflito travado, no sábado, na Rua Ernesto Beck, entre o dr. Francisco Ricardo e o comerciante Pedro Beltrão, proprietário das casas de calçados São Paulo e Royal.

O dr. Francisco Ricardo, que faleceu em consequência dos ferimentos recebidos, foi sepultado hoje, pela manhã, comparecendo os funcionários do foro e muitas outras pessoas.

Na audiência de hoje, do juiz da comarca, o dr. Álvaro Leal mandou inserir no protocolo um voto de profundo pesar pela trágica morte do juiz distrital, dr. Francisco Ricardo, suspendendo, em seguida, as audiências.

Era o extinto solteiro, contava 30 anos de idade e residia nesta cidade há oito meses mais ou menos.

O dr. Francisco Ricardo, que também exerceu o cargo de promotor público, era um apreciável poeta, tendo deixado um livro de versos publicado.

O sr. Pedro Beltrão, cujo estado continua gravíssimo, goza de geral estima da população local.

Confirma-se que originou o conflito uma questão familiar, tendo sido o sr. Beltrão o ofendido.

As autoridades policiais trabalham ativamente para esclarecer o caso.

Jornal A NOITE
Rio de Janeiro, 26 de abril de 1927

FERIDO NUM CONFLITO, VEIO A FALECER

SANTA MARIA (Rio Grande do Sul), 26 (A.A.) – Com grande acompanhamento, realizou-se, ontem, o enterramento do dr. Francisco Ricardo, falecido em consequência de ferimentos no conflito travado com Pedro Beltrão.

Jornal CORREIO DO POVO
Porto Alegre, 27 de abril de 1927

SANGRENTO CONFLITO EM SANTA MARIA

Ambos os contendores saem gravemente feridos, vindo um deles a falecer

O *Diário do Interior* que se publica em Santa Maria, sob o título "Alguns pormenores esclarecedores do drama sangrento", acrescenta mais as seguintes notas sobre a tragédia que ali se verificou sábado último e da qual foram protagonistas o dr. Francisco Ricardo, juiz distrital, e o comerciante sr. Pedro Beltrão.

Como devia ter-se dado o fato

Baseados nas informações colhidas pela reportagem desta folha, procuraremos reconstituir o fato em suas linhas gerais, abandonando particularidades que o nosso decoro profissional repele comentar.

Para isso, somos forçados, necessariamente, a referir alguns antecedentes ilustrados do caso. Ei-los:

Não há muito, o sr. Pedro Beltrão fora cientificado por sua esposa D. Rosa Calderan Beltrão de que o dr. Francisco Ricardo costumava dirigir-lhe gracejos sempre que a encontrava na rua.

A princípio, Beltrão não ligou ao fato maior importância, porque depositava confiança absoluta em sua mulher, e apenas resolveu mandar um recado ao galanteador, por intermédio de determinada pessoa, pedindo-lhe que desistisse de assediá-la porque, do contrário, ver-se-ia obrigado a "sapecar-lhe" as pernas.

Não se sabe se o recado foi dado; o que, porém, é certo, é que o sr. Beltrão despreocupou-se do caso, para ele de pouca importância, atendendo ainda àquela confiança ilimitada que o ligava à companheira de todos os dias.

Estavam as coisas neste pé, quando, sábado último, o sr. Pedro Beltrão, como de costume, depois da janta em casa, veio para a Rua Dr. Bozano, onde permaneceu por algum tempo, palestrando com diversas pessoas.

Como, porém, sentisse frio e não tendo trazido o seu sobretudo, resolveu tornar à casa para apanhar esse agasalho.

Ao entrar em casa, já ali não se encontrava sua esposa, pois havia saído poucos momentos antes para ir à Casa Leão, onde lhe disseram, devia comprar linhas em novelos.

Deixando a casa, que fica na Avenida Rio Branco, ao lado do palacete do dr. Nicola Turi, o sr. Beltrão teve a sua atenção presa à passagem do dr. Ricardo na mesma direção em que ia sua esposa.

Essa coincidência, ligada aos fatos anteriores, fez com que o sr. Pedro Beltrão resolvesse esclarecer aquela situação de dúvidas que o inquietava, seguindo os passos de sua mulher e de Ricardo.

Em certa altura da avenida, o sr. Beltrão viu quando Ricardo cumprimentou a sua esposa, continuando ambos a descer aquela via pública, indo ela atrás.

Essa circunstância aumentou a desconfiança do sr. Beltrão, que prosseguiu, à distância, vigiando-os.

E continuaram a descer, até que Rosa e Ricardo, ao chegarem à esquina da Casa Leão, desapareceram na Rua Ernesto Beck, quadra entre a avenida e a Rua Floriano Peixoto, local aquele de escassa iluminação.

O sr. Beltrão apurou, então, o passo e, penetrando naquela rua, às pressas, surpreendeu Ricardo e Rosa conversando a muitos metros da esquina.

Como homem de brio, avançou em direção aos dois, e desfechou logo um tiro contra o dr. Ricardo, que respondeu ao fogo, travando-se um verdadeiro duelo a bala, que só terminou quando os dois antagonistas caíram por terra, mortalmente feridos.

Eis, em síntese, o triste fato que todos deploramos sinceramente.

O que diz uma testemunha de vista

Ao que parece a única testemunha de vista foi o ancião Arthur Rodrigues Nunes, maior de 58 anos de idade, residente nos fundos da Casa Leão.

Procurado pela nossa reportagem, declarou ele o seguinte: que na noite de sábado, pelas 20h30min mais ou menos, abriu o portão que dá para a Rua Ernesto Beck, quando notou que do lado da avenida descia, apressadamente, um homem de estatura baixa, vestindo sobretudo comprido, que o não vira; que o dito homem dirigiu-se para a calçada oposta, ouvindo, em seguida, algumas palavras ofensivas seguidas da detonação de um tiro; que como continuassem os tiros, resolveu entrar no dito portão, resguardando-se atrás de um muro; que assim que cessaram os tiros, ouviu mais essa frase: "Ainda não morreste!"; que saindo para fora viu que no local havia já diversas pessoas, em derredor de um homem ferido e alguém que gritava; que aí se conservou até a retirada do ferido.

O sr. Edmundo Ávila, que foi a primeira pessoa que chegou ao local da tragédia, declarou a um nosso companheiro que, após a cessação dos tiros, ali compareceu, encontrando um homem caído e uma mulher a pequena distância deste; que indagando desta o que havia, respondeu-lhe que era o seu marido que ali estava ferido; que aproximando-se do homem caído, reconheceu o sr. Pedro Beltrão, providenciando, então, para ser chamada a autoridade.

Disse mais o sr. Ávila haver reconhecido na mulher que ali encontrara a esposa do sr. Pedro Beltrão.

O estado de saúde do sr. Pedro Beltrão

O estado de saúde do sr. Pedro Beltrão tem sofrido pequenas alternativas de melhoras e pioras, sendo estas últimas mais pronunciadas.

Os médicos assistentes nenhuma esperança alimentam de o salvar, tal a precariedade das condições gerais do enfermo.

Este, entretanto, a despeito da gravidade do seu estado, mostra-se calmo, conversando com perfeita lucidez com as poucas pessoas que obtém licença para penetrar em seu quarto.

Ao que parece, até, Beltrão não sabe que feriu mortalmente Ricardo, não lhe tendo sido dito tampouco que este sucumbira.

Morre um dos protagonistas

O dr. Francisco Ricardo, um dos protagonistas do conflito, conforme dissemos, recebera dois ferimentos de natureza gravíssima, sendo um no pulmão esquerdo, atravessando-o, e outro acima do umbigo, produzindo-lhe perfurações intestinais, ficando a bala alojada na pele junto à fossa ilíaca posterior-superior esquerda.

Esses ferimentos, pela sua natureza e sede, foram a causa da morte do infeliz juiz distrital de Santa Maria, após 24 horas, mais ou menos, pois veio ele a sucumbir domingo às 21 horas, depois de uma prolongada agonia.

O desenlace deu-se no Hospital de Caridade, onde se achava em tratamento o extinto.

O enterro

Verificado o óbito, foi o corpo do dr. Ricardo levado para o necrotério do hospital, para ser autopsiado, encarregando-se desse trabalho os drs. Severo do Amaral e Lamartine Souza.

Recomposto o cadáver, foi este colocado num caixão de primeira classe, realizando-se, em seguida, a cerimônia do sepultamento, sendo o corpo acompanhado até o cemitério pelas autoridades civis, advogados e amigos do morto. Representando o General Oliveira Lyrio, comandante da 5ª Brigada de Infantaria, esteve também presente o Tenente Stoll Nogueira, seu ajudante de ordens.

Representou o comandante do 1º Regimento da Brigada Militar o Major Felippe Pedro de Barcellos.

Outros oficiais da milícia estadual também compareceram.

Sobre o esquife pendiam diversas coroas com dedicatórias, inclusive uma do pessoal do foro, às expensas do qual foi feito o enterro.

Quem era o morto

O dr. Francisco Ricardo contava 31 anos de idade, era solteiro e natural de Porto Alegre. Formou-se em Direito pela Faculdade do Rio de Janeiro, o que conseguiu com sacrifício, pois não tinha meios de fortuna para custear as despesas dos estudos.

Era filho da exma. viúva D. Ernestina Ricardo, residente na capital da República, e irmão do Tenente Lino Ricardo, oficial do 4º Batalhão de Infantaria da Brigada Militar, estacionado em Pelotas.

O dr. Francisco Ricardo, logo que se formou, foi nomeado promotor público de uma comarca do interior de Minas Gerais, vindo mais tarde para o Rio Grande do Sul, onde pouco depois foi nomeado para idênticas funções na comarca de Lagoa Vermelha. Daí, por promoção, foi removido para Cachoeira, de onde, ainda por acesso, veio para Santa Maria, tendo aqui, depois, permutado de cargo com o dr. José Luiz Natalício, consoante aprovação do governo do Estado.

O dr. Francisco Ricardo era um primoroso poeta, tendo publicado um livro intitulado *Solidão sonora*, que a crítica recebeu com aplausos, e agora tinha em preparo outro livro a que devia dar o título de *Malmequeres*.

A homenagem do foro

Em homenagem ao morto o dr. Álvaro Leal, juiz da comarca, mandou inserir nos protocolos da audiência ordinária ontem realizada, um voto de profundo pesar e determinou a suspensão do expediente.

Os ferimentos

O sr. Pedro Beltrão recebeu dois ferimentos de bala, um, de refilão, no rosto e outro na face superior e posterior da coxa esquerda, dirigindo-se o projétil para cima, atravessando a bolsa escrotal esquerda, perfurando os intestinos e alojando-se sob a pele junto à espinha ilíaca posterior e superior direita.

A bala que se alojara nesse lugar foi extraída.

O inquérito

As investigações para esclarecimento da tragédia estão sendo dirigidas pelo dr. João Bonumá, subchefe de polícia, e auxiliado de perto e eficientemente pelo tenente Adalardo Soares de Freitas, delegado de polícia.

Estas autoridades, entre outras providências, ouviram um dos dois protagonistas da cena bem como D. Rosa Calderan Beltrão e outras pessoas, sendo os seus depoimentos reduzidos a termo.

Diversas notas

O revólver de que se utilizou o dr. Francisco Ricardo é de calibre 38, espanhol, de cano comprido e de seis tiros, cinco dos quais foram disparados durante a luta.

A arma que o sr. Pedro Beltrão usou é um revólver Smith antigo, de 6 balas, tendo sido detonadas 3. Foi também encontrada em seu poder uma pequena faca.

*

A luta travou-se quase defronte à casa de residência do sr. João Monteiro do Valle Machado, a qual foi atingida por três projéteis, cujos sinais ficaram na parede da frente.

Jornal A FEDERAÇÃO
Porto Alegre, 27 de abril de 1927

AGRADECIMENTO E MISSA

A família do DR. FRANCISCO RICARDO, falecido em Santa Maria no dia 24 do corrente, vem por meio da imprensa testemunhar a sua imorredoura gratidão às autoridades e funcionários do foro estadual e amigos do finado, pelas providências que tomaram bem como por ocasião do enterro e sepultamento do mesmo.

Outrossim, aproveitamos para convidar os parentes e amigos do finado para assistir à missa de 7º dia, que será celebrada no dia 30 do corrente, às 7 ¾ horas, na capela do Ginásio Anchieta.

Porto Alegre 26 de abril de 1927

Jornal CORREIO DA SERRA
Santa Maria, 27 de abril de 1927

AINDA A TRAGÉDIA DE SÁBADO

Melhora o sr. Pedro Beltrão

Desde a tarde de ontem que o sr. Pedro Beltrão apresentava ligeiras melhoras em seu estado de saúde.

Apesar da gravidade dos ferimentos, diante da reação por que está passando, os médicos alimentam a esperança de salvá-lo, segundo nos informaram à última hora no Hospital de Caridade.

Jornal CORREIO DA SERRA
Santa Maria, 28 de abril de 1927

ENTERRO / CONVITE

Rosa Calderan Beltrão e filhos, Amabilia Beltrão, José Beltrão e família, Homero Beltrão e família (ausente), Osório Machado de Oliveira e família (ausente), Henrique Calderan e família (ausente), João Calderan (ausente), Salim Achutti, Emilio Milan e Milton Santos, esposa, mãe, filhos, irmãos, cunhados, tios, sócios e empregados do pranteado PEDRO DA SILVA BELTRÃO, falecido hoje à 1h30, convidam aos seus parentes e pessoas de suas relações para assistirem aos seus funerais, partindo o féretro da casa mortuária, à Avenida Rio Branco, junto ao palacete do dr. Nicola Turi.

Antecipam agradecimentos a todas as pessoas que comparecerem a esse ato de religião e humanidade.

Santa Maria, 28 de abril de 1927

N. 10.966 – 1p.

Jornal CORREIO DA SERRA

Santa Maria, 29 de abril de 1927

EPÍLOGO D'UMA IMPRESSIONANTE CENA DE SANGUE – FALECIMENTO DO SEGUNDO CONTENDOR – HOMENAGEM DA SOCIEDADE SANTA-MARIENSE NO SEU SEPULTAMENTO – VÁRIAS NOTAS

Teve seu epílogo, cerca das duas horas da madrugada de ontem, a impressionante cena de sangue, desenrolada entre o finado dr. Francisco Ricardo e o sr. Pedro da Silva Beltrão, do alto comércio desta praça, com a morte deste comerciante.

A notícia de sua morte repercutiu dolorosamente, no seio da sociedade santa-mariense, pois que, pelo seu caráter ilibado, honestidade, concentração ao trabalho e uma perfeita linha de cavalheiro, havia conquistado um lugar de destaque.

Além disso, a sua atuação no emocionante caso em que tombou ferido, mas ferindo também, mais o elevou no conceito público.

Agindo como agiu, bem demonstrou ele a intensidade dos seus sentimentos de dignidade e que a virilidade da nossa raça não está de todo desvirtuada, pois que ainda há homens que preferem perder a vida, a conservá-la, sob a dúvida, sequer, de estar manchada.

Bem veio patentear o quanto prezava ele o bom conceito de que gozava e o quanto era justa a simpática auréola, que destacava sua pessoa.

Quis, no terreno da honra, que os filhos tivessem orgulho do seu pai; sendo essa, certamente, a maior e mais preciosa herança que lhes legou.

E uma vez que o luto da orfandade lhes envolveu o corpo e o coração; uma vez que veleidades reprováveis e o menosprezo do respeito que se deve à sociedade fizeram seu pai tombar sem vida; conservem eles bem viva a recordação do quanto foi nobre o autor dos seus dias e procurem, seguindo-lhe o exemplo, tornarem-se dignos daquele que tombou, mas também, tornando mais respeitável o seu nome ilibado.

*

As cerimônias do sepultamento do malogrado cidadão, na tarde de ontem, constituíram uma consagração social.

Há muito não se via enterro tão concorrido.

Estiveram presentes altas autoridades administrativas e policiais, representantes das nossas casas bancárias, da imprensa, do comércio e indústria, de todas as classes sociais e muitas exmas. famílias, comissões dos clubes Caixeiral, Caçadores, Atiradores e Associação dos Funcionários da Viação Férrea empunhavam os respectivos estandartes, cobertos de crepe.

O comércio fechou. Vários carros figuravam no vultoso préstito, carregados de coroas e flores.

A banda de música do 7º Regimento executava marchas fúnebres.

O cerimonial religioso esteve imponente, oficiando o vigário Caetano Pagliuca, acolitado pelos rvmos. Padres Pozzer e Lamberti. O coro foi ocupado pelos Irmãos Maristas, que entoaram o *Liberame.*

*

O sr. Pedro da Silva Beltrão contava 34 anos de idade.

Por seu próprio esforço havia conseguido uma situação desafogada.

Era casado, em segundas núpcias, com sua cunhada d. Rosa Calderan Beltrão, deixando na orfandade sete filhos, sendo três do primeiro matrimônio.

O *Correio da Serra* envia sinceros pêsames a todos os parentes, pelo doloroso golpe que acabam de sofrer.

Jornal CORREIO DO POVO
Porto Alegre, 29 de abril de 1927

NOTÍCIAS TELEGRÁFICAS DO INTERIOR DO ESTADO SANTA MARIA

O falecimento do sr. Pedro Beltrão – As homenagens que lhe foram prestadas

SANTA MARIA, 28 – Teve o seu epílogo a sangrenta cena de sangue travada entre o finado dr. Francisco Ricardo e o sr. Pedro Beltrão da Silva [sic], comerciante nesta cidade, que faleceu esta madrugada.

A sua morte repercutiu dolorosamente no seio da sociedade local, onde havia ele conquistado lugar de destaque, pelo seu caráter ilibado, honestidade no trabalho e linha impecável de cavalheiro.

Além disso, a sua ação como homem de honra, no caso em que tombou ferido, ferindo também o seu contendor, mais o elevou no conceito público.

Por isso, as cerimônias do seu sepultamento constituíram verdadeira consagração social, sendo que há muito não se via um enterro tão concorrido. Estiveram presentes as altas autoridades administrativas, representantes das casas bancárias, das repartições públicas, do comércio e indústria e de todas as classes sociais, famílias e grande massa de povo. Diversos carros conduziam coroas e flores, sendo o cerimonial religioso, imponentíssimo. Além da banda de música militar, executando marchas fúnebres, o coro foi ocupado pelos irmãos maristas.

O sr. Beltrão pertence ao alto comércio desta cidade, tendo conseguido, com seu esforço pessoal, alcançar a situação em que se encontrava. Era casado em segundas núpcias com a exma. sra. D. Rosa Calderan Beltrão, deixando na orfandade sete filhos menores, três do primeiro matrimônio.

Jornal GASPAR MARTINS
Santa Maria, 2 de maio de 1927

O TRISTE ACONTECIMENTO

Numa terra de tantas diversões, tantas farras carnavalescas, tantas festas, tantas religiões e tantos centros de jogatina, a gente não tem tempo de sentir os próprios males morais ou físicos e muito menos os males alheios.

Santa Maria é uma cidade de gentes civilizadas, gentes cultas, gentes religiosas, gentes que sabem dar valor ao cinema e às modas, exagerando-as sempre; Santa Maria é uma terra disso tudo, mas ainda não é tão grande que se possa fazer o que se faz no Rio de Janeiro ou mesmo em Porto Alegre e, dizem os viajados que, relativamente, aqui se faz mais.

Esse desgraçado acontecimento da noite de 23 já está de feição inteiramente mudada e preparado o terreno para a culpabilidade somente de D. Rosa Calderan, viúva do sr. Pedro Beltrão, e talvez a criminalidade deste se ele não houvesse sucumbido.

Não resta dúvida que o foro de Santa Maria, do qual faz parte o sr. Chico Villa[7] porque é juiz, não pode deixar de colocar-se ao lado do juiz que faleceu, mesmo porque as classes devem ser unidas para confirmar o velho adágio que diz que a união faz a força.

Também não resta dúvida que o respeitável *Diário do Interior*, que é, sistematicamente, o órgão dos governos, das autoridades e dos fortes ou poderosos, ocupou-se desse caso impressionante e altamente comprometedor da justiça, da comissão executiva e de mais alguém, de modo que a única culpada em tudo isso é D. Rosa Calderan, sendo certo que os amigos e companheiros do juiz falecido prepararam o terreno para a ampla defesa deste.

Pelo que lemos no respeitável *Diário do Interior* de 26 de abril p. findo, não resta dúvida que D. Rosa cometeu um grande erro, que foi esse de ir conversar na Rua Ernesto Beck com o juiz falecido.

De modo algum D. Rosa podia fazer isso e não seremos nós que a inocentaremos, que justificaremos essa sua grave falta, esse seu imenso pecado.

---

7. Francisco Falcão Villa.

Mas também não seremos nós que ajudaremos a fazer-lhe a injustiça que alguns dos companheiros e amigos do juiz falecido estão fazendo-lhe, malevolamente, perversamente e indignamente.

Temos falado nesse desgraçado acontecimento com dezenas de pessoas de todas as posições, cores e sexos e ainda não encontramos uma só que dissesse que ouviu dizer de D. Rosa Calderan a mínima coisa em prejuízo de sua honra.

Todas as pessoas que conhecem D. Rosa dizem que ela era uma esposa virtuosa, uma senhora que raras vezes saía à rua porque vivia trabalhando e cuidando de seus sete filhinhos; todas as pessoas que conhecem D. Rosa dizem que ela não tinha criada, que era ela que cozinhava, que fazia todas as costuras da casa, que lavava as roupas da casa, que fazia todo o serviço da casa.

Infelizmente essa nossa patrícia cheia de virtudes, essa nossa patrícia tão digna teve a desventura de ser vista por um conquistador perigosíssimo porque era um doutor, um poeta, um funcionário da justiça de Santa Maria da Boca do Monte; infelizmente D. Rosa teve o caiporismo de ser vista por um D. Juan useiro e vezeiro, como sabem todos os habitantes desta terra, como sabem todas as autoridades desta terra, como sabem todos os membros da comissão executiva, inclusive o sr. Coronel Ramiro de Oliveira; desgraçadamente essa nossa patrícia teve a desventura de ser vista por um poeta romântico talentoso e que era juiz de grande revólver na cintura em todos os lugares; infelizmente faltou a D. Rosa as forças que ela precisava para repelir energicamente esse conquistador *repelido por outras*, e o resultado foi esse acontecimento que seria tristíssimo, para uma sociedade inteira se fosse ocorrido numa cidade menos culta, menos civilizada, de menor número de diversões e de religiões que não estão na alma dos que as professam.

Temos falado nesse desgraçado acontecimento com dezenas de pessoas de todas as posições, de todas as cores, de todos os sexos e ainda não encontramos uma só que não dissesse, mais ou menos, isto: nunca se disse nada de D. Rosa, que vivia metida em casa, trabalhando e cuidando de seus filhinhos, e isso que os amigos desse juiz estão dizendo é uma infâmia, uma indignidade.

Não estamos fazendo a defesa de nossa patrícia e sim da verdade que está sendo adulterada, que está sendo falseada miseravelmente e perversamente, até mesmo por cidadãos que são chefes de família, cidadãos que têm mulher e filhas e não se lembram que isso que sucedeu à inditosa D. Rosa, foi uma desgraça semelhante ao raio que mata instantaneamente e do qual ninguém está livre, máxime nestes tempos em que até um juiz de órfãos, um juiz de casamentos, um juiz que tem o imperioso dever de ser um fiel executor das leis escritas que protegem, que amparam a sociedade e a MORAL – deixa de ser isso para ser um armado violador dessas mesmas leis.

Pelo que diz o próprio *Diário do Interior*, que é redigido por dois doutores em direito que exercem a profissão de advogados e como tais pertencem ao foro de Santa Maria, o juiz falecido *costumava dirigir gracejos a D. Rosa, sempre que a encontrava na rua, do que ela deu ciência ao seu marido.*

O próprio *Diário do Interior*, que tratou do assunto com a parcialidade que faz uso sempre, por amor de seus interesses, não ocultou o que se lê acima e basta para que todas as pessoas dignas, todas as pessoas de bons sentimentos possam fazer juízo seguro e justiceiro sobre esse desgraçado acontecimento, sendo oportuno dizer que custa a crer que um chefe de família e membro de família tão digna, como é o nosso ilustre patrício sr. Felippe Nery Menna Barreto, se apaixone ao ponto de dizer o que nos afirmaram que ele diz para legalizar as conquistas do extinto juiz de casamentos, ou melhor, do seu extinto companheiro de casamentos.

A parcialidade do respeitável *Diário do Interior* é manifesta, tão manifesta que só ele sabe que o malogrado sr. Pedro Beltrão foi quem deu o primeiro tiro.

É provável que nem mesmo o sr. dr. Subchefe de Polícia, que é quem deve estar melhor informado do que se passou porque fez inquéritos e interrogatórios desde os primeiros momentos, possa dizer, com segurança, que foi o sr. Pedro Beltrão que deu o primeiro tiro.

O que o respeitável *Diário do Interior* não será capaz de dizer porque incorrerá ao desagrado, na desafeição e no ódio da justiça de Santa Maria é que nem mesmo ao tempo do dr. Alberto Chaves a justiça de Santa Maria foi esse perigo que se vê hoje e manda a verdade que se diga que, hoje, é seu intendente um santa-mariense honesto, moralizado e muito digno, que é o sr. Coronel Celso Penna de Moraes, e é subchefe de polícia outro santa-mariense inteligente, ilustrado, formado em direito, excelente chefe de família, que é o sr. dr. João Bonumá; mas que infelizmente nada poderão fazer pela restauração da ordem, pela restauração do império da lei e da justiça para todos.

Já sabemos que os grandes responsáveis pelos males morais desta terra, entre os quais estão o sr. Coronel Ramiro de Oliveira, que tanto fortaleceu o juiz que acaba de desaparecer; o sr. Coronel Ernesto Marques, que sempre foi e sempre será um indiferente aos males da sociedade em que vive porque o seu Deus, a sua Religião, a sua Pátria é o DINHEIRO; o sr. Major Tancredo de Moraes, que é um cidadão muito digno, um chefe de família correto, um zeloso arrecadador de impostos federais, mas apesar de santa-mariense de nascimento, tem sido um indiferente aos males morais de sua terra natal; já sabemos, repetimos, que os grandes responsáveis pelos males morais desta terra vão dizer que estamos explorando o desgraçado acontecimento da noite de 23 para maldizer da justiça e da direção política de Santa Maria; mas se o Grande Deus nos ajudar, mostraremos que ela nunca esteve tão fora da ordem da lei, da justiça e da moral, como hoje porque nem a comissão executiva, nem ninguém teve a coragem de cumprir o dever de comunicar ao sr. dr. Presidente do Estado que Santa Maria tinha como juiz um D. Juan perigosíssimo porque usava revólver de alto calibre, acompanhado de uma cartucheira cheia de balas, exatamente na ocasião que um general do exército republicano *pediu o desarmamento geral* ao sr. Desembargador Chefe de Polícia.

Nem a comissão executiva, nem nenhum outro membro do partido dominante em Santa Maria teve a coragem de levar ao conhecimento do sr. dr. Presidente do Estado o que era notoriamente sabido que fazia o juiz que acaba de desaparecer, em consequência de suas ousadias amorosas, ocasionando o desaparecimento de um homem trabalhador e honrado e a infelicidade de uma esposa e mãe virtuosa e muito digna que está sendo atrozmente acossada.

Jornal GASPAR MARTINS
Santa Maria, 9 de maio de 1927

O TRISTE ACONTECIMENTO

Por intermédio de mais de dois cavalheiros tem chegado ao nosso conhecimento que se diz que tomamos a defesa de D. Rosa Calderan e estamos sendo os seus defensores, o que é verdade em parte, como vamos explicar.

Informado de que alguns companheiros de foro e amigos do extinto juiz distrital, no empenho de inocentá-lo, faziam acusações injustíssimas a essa senhora, faziam-lhe imputações caluniosas, diziam coisas que eram puras invencionices, que eram puras mentiras, cumprimos o nosso dever de dizer a verdade.

Dissemos que havíamos falado sobre esse triste acontecimento com diversas pessoas de todas as classes, de todas as cores e dos dois sexos e de todas elas ouvimos isto: que D. Rosa Calderan era uma senhora trabalhadora, uma esposa virtuosa e que só agora, pela primeira vez, lhe são feitas terríveis acusações, e isso mesmo pelos companheiros e amigos do juiz falecido.

Sobre esse desgraçado acontecimento falamos com muitas pessoas de todas as classes, de todas as cores e dos dois sexos, repetimos, e todas elas disseram que só agora, pela primeira vez, se dizia mal de D. Rosa, que foi sempre uma esposa virtuosa e muito digna.

Em vista disso, dissemos o que se lê nesse nosso jornalzinho de 2 do corrente e continuamos a dizer a mesma coisa porque cada vez mais nos convencemos da malvadez desses companheiros e amigos do juiz falecido, que eles tentam inocentar, e por isso fazem falsas e miseráveis acusações a uma senhora que teve a desventura de ser vista por esse juiz talentoso e ilustrado, porém, sem educação e de maus bofes.

Já sabemos que esses companheiros e amigos desse juiz nos chamarão de desumanos, de selvagens, de monstros, porque não dizemos bem de um homem morto.

Disse Américo Brasiliense que a verdade se devia dizer sempre em relação aos vivos e principalmente em relação aos mortos, com o que estamos de inteiro acordo, porque é com os bons e os maus exemplos dos vivos e principalmente dos mortos que devemos aprender.

Não estamos fazendo falsas acusações a esse juiz falecido e sim dizendo a verdade que nem mesmo os seus amigos se atreverão a contestar-nos em público.

Um destes, que é um alto funcionário público, com quem nos encontramos na frente do correio no dia do enterro desse juiz, disse-nos com gestos e voz de quem estava sofrendo grande dor: "Vou ao enterro do Ricardo".

"A morte desse moço e a do Beltrão, que se dará hoje ou amanhã, é um caso impressionante", dissemos, e o alto funcionário público, que é um homem inteligente, respondeu: "E que repercutirá longe de modo vergonhoso, e várias vezes eu disse a ele que devia casar-se".

"Casar-se, por quê?" perguntamos, e o distinto funcionário respondeu: "Para deixar-se dessas conquistas de casadas, que são perigosas".

"Mas então, em Santa Maria, onde as mulheres livres são contadas aos centos, é preciso conquistar senhoras casadas, e o senhor não vê que ele fazia isso por vaidade e perversidade?" respondemos, e o digno funcionário disse: "De fato, nesta terra as mulheres livres são contadas aos centos".

"Mas, olhe", dissemos ao digno funcionário, "se esse fato fosse ocorrido comigo ou com qualquer outro pobre diabo que não fosse um juiz ou qualquer outro funcionário da república o senhor estaria com as mãos na cabeça gritando: este bandido desfez um lar, este infame fez a infelicidade de uma família inteira, da qual fazem parte sete crianças".

Dissemos isto e nos despedimos do digno funcionário, que é um homem bastante inteligente, bastante penetrante, razão por que não se atreveu a tentar defender o seu companheiro e amigo, que só tem a defesa dos mal-intencionados, dos partidários das conquistas amorosas, dos arrasadores da moral, muitos dos quais vivem nas igrejas rezando, se benzendo, se confessando, comendo hóstia.

A defesa que fizemos de D. Rosa Calderan foi essa de dizer que era absolutamente falso o que os companheiros e amigos do juiz falecido diziam dela, com o propósito de atenuar o grande crime do dito juiz; a defesa que fizemos de D. Rosa Calderan foi essa de dizer que ela era uma senhora trabalhadora, uma senhora que não era vista nas ruas porque vivia trabalhando e cuidando de seus filhinhos em sua casa; a defesa que fizemos de D. Rosa Calderan foi essa de dizer que ela era uma esposa e uma mãe virtuosa que teve a desventura de ser vista por um juiz D. Juan, um juiz inteligente e poeta, armado de grande revólver com fartura de munição na cintura, justamente na ocasião que estava decretado o desarmamento geral nesta cidade, e as autoridades, principalmente as autoridades civis, estavam em rigorosa obrigação de darem o exemplo de andarem desarmadas; mas segundo dizem pessoas que privam com essas autoridades, elas andam com a cintura que parece um arsenal.

Um arsenal que não é para garantir a fiel execução das leis escritas, que não é para fazer respeitar o bem entendido princípio da autoridade e a justiça distribuída com imparcialidade; mas, sim, para isso que se viu no juiz que acaba de desaparecer, e para o que se há de ver em outros que vão onde o funcionário público não pode ir e vão porque não respeitam as leis escritas.

A defesa que fizemos de D. Rosa Calderan foi essa de dizer a verdade, foi essa de desmentir o que diziam os companheiros e amigos de um juiz D. Juan, de um juiz useiro e vezeiro nos desaforos, nas ousadias bem conhecidas nesta cidade, onde ele fez o que é notoriamente sabido e teria sido posto em pratos limpos pelo *Correio da Serra* se não fosse a intervenção de um ilustre cavalheiro desta terra, como se vê pelo referido jornal dos dias 1º, 2 e 4 de fevereiro do corrente ano.

Foi essa a defesa que fizemos de D. Rosa Calderan, a quem não conhecemos, e o fizemos no cumprimento de um dever que temos cumprido, sempre, em todos os casos.

Sempre tomamos a defesa dos injustiçados sem distinção de partidos, classes, sexos e cores, exatamente porque a nossa questão é de VERDADE e JUSTIÇA.

Já temos defendido homens poderosos que não precisavam de nossa defesa, mas nós a fizemos espontaneamente e desinteressadamente porque ficamos doentes quando vemos uma injustiça, feita a quem quer que seja, e não saímos ao seu embargo, quando vemos uma mentira ou prejuízo de quem quer que seja e não protestamos contra ela.

Se temos feito isso, sempre, em relação a homens, com mais razão devemos fazê-lo quando a injustiçada, a caluniada, é uma patrícia que cometeu o grande erro ou o grande pecado de ir à Rua Ernesto Beck falar com esse poeta talentoso de maus bofes que não podia ser juiz em parte alguma, mas essa patrícia não é o que dizem, malevolamente, os companheiros e amigos desse juiz, entre os quais está o ilustre escrivão de casamentos, que é muito digno chefe de família e só isso bastaria para contê-lo nas suas avançadas contra essa patrícia que teve a desventura de ser vista por um D. Juan perigoso, porque era poeta que usava pó de arroz e carmim na cara, grande revólver com abundância de munição na cintura e por cima de tudo isso tinha a solidariedade incondicional do promotor Natalício[8] e a estima e o apoio decidido do chefe do foro e do atual delegado de polícia, como já ouvimos dizer.

Se temos tomado a defesa de homens, e homens poderosos pelas suas posições pecuniárias, políticas e sociais, quando são injustiçados ou caluniados, com mais razão devemos fazer isso quando a injustiçada, a caluniada, é uma mulher, é uma patrícia que teve a infelicidade de ser vista e apresentada a um bacharel que não podia ser juiz em parte alguma porque, se tinha talento e ilustração, não tinha moralidade, não tinha educação, não tinha bons sentimentos e Deus é testemunha do que estamos dizendo.

Júlio Magalhães

Jornal A FEDERAÇÃO
Porto Alegre, 27 de maio de 1927

PAGAMENTOS DE SEGUROS

A Companhia Sul-Americana, por intermédio de seu inspetor. sr. Leonel Veríssimo, pagou à viúva do sr. Pedro Beltrão um seguro no valor de vinte contos de réis.

8. José Luiz Natalício, com o qual Francisco Ricardo trocara de cargo.

Jornal A FEDERAÇÃO

Porto Alegre, 20 de setembro de 1927

O sr. Homero Beltrão, por seu advogado dr. Mario Guimarães, como tutor dos menores Romeu, Odacyr e Edy, filhos do finado Pedro Beltrão, agravou para o dr. Álvaro Leal, juiz de comarca do despacho do dr. Ruben Mariano, juiz distrital, que na deliberação da partilha dos bens deixados por morte de Pedro Beltrão não atendeu ao requerido pelo agravante.

Documentos oficiais

ARQUIVO DA CÚRIA DA ARQUIDIOCESE DE SANTA MARIA

Livros de Batismo da Igreja Matriz

Livro 20 - Fls. 45 - Nº 337

Aos vinte e quatro de setembro de mil oitocentos e noventa e oito batizou-se Rosa Constância, filha legítima de Henrique Calderan e Anna Calderan. Foram padrinhos Manoel Hoffmeister e Constância Hoffmeister. E para constar assino: O Vigário Pedro Wimmer.

ARMAS DA REPÚBLICA
REPÚBLICA FEDERATIVA DO BRASIL
REGISTRO CIVIL DAS PESSOAS NATURAIS
CERTIDÃO DE CASAMENTO INTEIRO TEOR (2ª via)

Matrícula 098996 01 55 1920 2 00009 143 0000065 32

CERTIFICO que, no livro B-9, à folha 143, sob o número 65, verifiquei constar o assentamento de CASAMENTO com o seguinte teor: "Aos dezenove dias do mês de Julho, do ano de mil novecentos e vinte, nesta cidade de Santa Maria da Boca do Monte, Estado do Rio Grande do Sul, República dos Estados Unidos do Brasil, às dezesseis horas, no edifício do Fórum, sala de audiências, presentes o cidadão Doutor Coriolano Albuquerque Juiz Distrital comigo oficial de casamentos adiante nomeado e testemunhas para este ato convocadas no fim referidas e assinadas, receberam-se em matrimônio independente de editais atento ao caso, conforme petição com despacho favorável a folhas oito dos autos, os contraentes: PEDRO DA SILVA BELTRÃO e dona ROSA CALDERAN, naturais deste Estado, domiciliados e residentes nesta cidade, ele de profissão comércio, com vinte e oito anos de idade, nasceu nesta cidade em dezessete de setembro de mil oitocentos e noventa e dois, viúvo de Henriqueta Calderan Beltrão, que faleceu nesta cidade, em trinta e um de janeiro de mil novecentos e dezenove, filho legítimo de José Maria Beltrão Filho, que nesta cidade também faleceu em nove de março de mil novecentos e oito, e de Mafalda Pereira Beltrão, com quarenta e cinco anos de idade, natural deste Estado, domiciliada e residente em Carazinho, município de Passo Fundo; ela – a contraente é solteira, tem a profissão de afazeres domésticos, com vinte dois anos de idade, nasceu nesta cidade em trinta de agosto de mil oitocentos e noventa e sete, filha legítima de Henrique Calderan que nesta cidade faleceu em dezesseis de maio de mil novecentos e dez, e de Anna San Martim Calderan, natural da Itália, com cinquenta e oito anos de idade, domiciliada e residente nesta cidade: Os Contraentes por ocasião de sua habilitação em cartório compareceram acompanhados de duas testemunhas qualificadas, e pediram a mim oficial que tomasse por termo as suas declarações para o efeito da respectiva habilitação, no qual contém os requisitos estatuídos no artigo cento e oitenta, número dois do Código Civil; as referidas testemunhas que assinaram o dito termo, afirmaram serem os mesmos contraentes naturais deste Estado, domiciliados e residentes nesta cidade, sendo ele viúvo e ela solteira, e não haver entre ambos impedimentos que os iniba a casar um com o outro: Na mesma ocasião exibiu o noivo as certidões do cônjuge falecido bem como a certidão do primitivo matrimônio, com a qual provou sua idade, assim como certidão do serventuário de Órfãos de ter procedido a inventário e partilhado seus bens, e a nubente apresentou a certidão respectiva de sua idade.

Foram testemunhas do ato os senhores Eudoscio Gonçalves da Silva, casado, funcionário da Viação Férrea, João Calderan, solteiro, comércio, aquele residente nesta cidade, e este na cidade de Porto Alegre. Em firmeza do que eu Felippe Nery Menna Barreto oficial de casamentos lavrei o presente que lido e achado conforme vai por todos assinado. O Oficial: Felippe Nery Menna Barreto. ANOTAÇÃO: Pedro da Silva Beltrão faleceu em 28/04/1927, conforme registro as fls. 115, do livro C-12, do Ofício da 1ª zona desta cidade. Santa Maria, 28/03/2016. Esc.aut.: Luísa Sousa.

ARQUIVO DA CÚRIA DA ARQUIDIOCESE DE SANTA MARIA

Livros de Casamento da Catedral

Livro 8 – Fls. 247v. – Nº 136

Aos dezenove de julho de mil novecentos e vinte receberam-se em matrimônio perante o Pe. Francisco Koenig e as testemunhas Rafael Millan e Homero Beltrão os Ses Pedro da Silva Beltrão e Da. Rosa Calderan; ele com vinte e oito anos e filho de José Maria Beltrão e Da. Mafalda Pereira Beltrão; ela com vinte e dois anos e filha de Henrique Calderan e de Da. Anna San Martin Calderan; ambos residentes e naturais de Santa Maria, sendo ele viúvo da irmã da noiva e ela solteira com dispensa do impedimento de afinidade do primeiro grau. Em fé, o cura Pe. Caetano Pagliuca.

ARMAS DA REPÚBLICA
REPÚBLICA FEDERATIVA DO BRASIL
REGISTRO CIVIL DAS PESSOAS NATURAIS
CERTIDÃO DE ÓBITO INTEIRO TEOR (2ª via)

Matrícula 098996 02 55 1927 4 00012 114 0000218 03

Certifico que, no livro C-12, à folha 114V, sob número 218, verifiquei constar o assentamento de ÓBITO do seguinte teor: "Aos vinte cinco dias do mês de Abril do ano de mil novecentos e vinte e sete, nesta cidade de Santa Maria, da Boca do Monte, em cartório compareceu José da Silva Brasil, residente nesta cidade, e exibindo atestado médico do Doutor Severo do Amaral, declarou ter falecido ontem, às vinte e uma horas, no Hospital de Caridade desta cidade, em consequência de peritonite consequente a ferimento por projétil de arma de fogo no abdômen e perfuração de três alças intestinais, o Doutor FRANCISCO RICARDO, Juiz Distrital deste município, moreno, solteiro, de trinta anos, natural deste Estado; vai ser sepultado no cemitério público. E para constar lavrei o presente que assina o declarante. Eu, João Sabino Menna Barreto, ajudante, escrevi. Eu, Felippe Nery Menna Barreto Oficial do Registro Civil subscrevo e assino. (as.) Felippe Nery Menna Barreto".

ARMAS DA REPÚBLICA
REPÚBLICA FEDERATIVA DO BRASIL
REGISTRO CIVIL DAS PESSOAS NATURAIS
CERTIDÃO DE ÓBITO INTEIRO TEOR (2ª VIA)

Matrícula 098996 02 55 1927 4 00012 115 0000220 45

CERTIFICO que, no livro C-12, à folha 115, sob número 220, verifiquei constar o assentamento de ÓBITO com o seguinte teor: "Aos vinte e oito dias do mês de abril do ano de mil novecentos e vinte e sete, nesta cidade de Santa Maria da Boca do Monte, em cartório compareceu Baptista Ceronni, residente nesta cidade, e exibindo atestado médico do Doutor Severo do Amaral, declarou ter falecido hoje à uma e trinta horas, no Hospital de Caridade desta cidade, onde se achava em tratamento, em consequência de estrocaremia [sic][9] consequente a ferimento por projétil de arma de fogo, no abdômen e lesão intestinal, PEDRO DA SILVA BELTRÃO, branco, com trinta e seis anos, natural deste Estado, comerciante, residente à Avenida Rio Branco número onze; o finado era casado em segundas núpcias com dona Rosa Calderan Beltrão, de cujo matrimônio deixou os seguintes filhos: Ada, com cinco anos de idade, Pedro, com quatro anos, Eda, com dois anos e seis meses, Luiz, com sete meses, deixando também do primeiro matrimônio, os filhos Romeu, com treze anos, Darcyr [sic][10], com doze anos e Edy, com nove anos de idade; era o finado filho de José Maria Beltrão e

9. Provável corruptela de "estercoremia", uma intoxicação do sangue por matérias fecais.

10. Odacir.

Mafalda da Silva Pereira, o primeiro falecido e a segunda residente nesta cidade. Vai ser sepultado no cemitério público. E para constar lavrei o presente que assina o declarante. Eu, João Sabino Menna Barreto, ajudante, escrevi. Eu, Felippe Nery Menna Barreto, Oficial, subscrevo e assino. (as.) Felippe Nery Menna Barreto.

Artigos

Jornal O EXEMPLO

Porto Alegre, 11 de fevereiro de 1917

PAINEL IGNOTO – Por Francisco Ricardo

(Em torno de uma poetisa)

A sinceridade da intenção com que escrevo esta notícia certamente me absolverá de qualquer deslize que nela possa haver. Tendo uma pálida ou vaga referência sobre uma intelectual, uma poetisa digna deste atributo.

Há pouco tempo, em lendo a *Folha Nova*, que se publica em Silvestre Ferraz, deparou-se-me um soneto, em alexandrinos, de moça. Até aqui nenhuma novidade, conhecido o hodierno pensador do sexo venusto para essa música inata e latente no sentimento humano. E, em se tratando de um soneto de amor, a curiosidade ou avidez ainda é menor, porquanto em geral noventa por cento dos sonetistas metrificam única e exclusivamente o amor.

Li "Desilusão", de Emiliana Delminda. Até então essa emotiva e alada criatura me era inteiramente estranha. Li-a em voz alta, atenta e demoradamente. Bebi-lhe a ambrosia emocional, vibrando do primeiro ao último verso. E é aqui que está o fundamento destas linhas.

A escala afetiva, principalmente na mocidade, é mais ou menos similar em todo o ser pensante. A desigualdade depende apenas da cultura, quer direta pela solidez de estudos, quer indireta pelo coeficiente do meio. Na juventude quase todos são sensitivos. Conforme Horácio, *format enim natura prius nos intus ad omnem fortunarum habitum* e porque todos temos, em determinadas fases da existência, alguns estados d'alma irmãos ou gêmeos, inclinações idênticas, idênticas sedes íntimas e íntimos anelos de saciedade – inconsciente ou espontaneamente nos fraternizamos, tão depressa surpreendemos em outrem igualdade de circunstâncias e sensibilidades, de virtudes ou de defeitos. Daí a simpatia e admiração. Porque essa entidade eleita, com que travamos correspondência pessoal ou espiritual, não é senão um desdobramento nosso. Dilatação do nosso próprio Eu. Ainda é Horácio quem diz: *Si vis me flere, dolendum est primum ipsi tibi!*

Mas consoante essas razões comuns, conseguir emocionar literariamente em nossos dias não é tarefa de fácil desempenho. Principalmente em versos de amor, quando o original encanto milenarmente retrocede, quando a monotonia, torturante e insípida encerra o diário tema dos poetas de hoje e das revistas todas.

Emiliana Delminda disse do amor, do seu amor, com simplicidade amena e certa diferença bem visível. Espontâneo e sincero, porque foi sentido; requintado e insinuante, porque foi bem concebido e dito – o soneto dessa moça é arauto do seu destaque nas nossas letras em não remota época. Assim julgo, assim creio, assim espero.

E, para compensar a aridez de minha apreciação, me não furto ao delicioso ensejo de transcrever os versos dessa poetisa, que crescera nos campos de Bocaina, "onde o eco repete o canto dos tropeiros e solta a araponga o grito lancinante". Eis aqui a terna e sentida endecha que, de lá do interior de S. Paulo, aos meus ouvidos veio:

Desilusão

Caminhei... caminhei! A senda era escabrosa;
no tosco pedregulho os pés ensanguentei:
busquei de uma utopia a estrela fabulosa
e, ao ponto luminoso, exausta, não cheguei!

Eu distinguia, ao longe, em sonhos cor-de-rosa,
o dourado porvir com que feliz sonhei;

e a luz que me atraiu, risonha, esplendorosa,
se era um clarão de estrela ou de algum sol – não sei!

Apenas sei que, um dia, em meio da jornada,
adormeci, fitando o mágico clarão;
mas, quando despertei – a estrela era apagada,

minh'alma era sem fé sem crença o coração!
Ergueu as asas de ouro a musa idolatrada
e eu... tateando segui em plena solidão!...

Impecável pela forma e pela ideia, quer no metro, quer na perícia da cesura, este soneto é um belo lavor de arte. A ideia aqui se acha exteriorizada, ataviada escorreitamente, harmoniosamente movimentada, desprendendo, dos mínimos gestos, ledos, suaves, múltiplos acordes. Vem a propósito citar Maignien: *Sans l'idée, la forme est tout ce qu'on veut et n'est rien; sans la forme, l'idée est une abstraction, sans aucun rapport avec l'art.*

O canto de Emiliana Delminda é, pois, delicada contextura de arte: nada lhe falta para tal: há plena harmonia entre o sentimento e a expressão, embora o rigor da crítica lhe possa apontar alguns reparos: exuberância de verbos e adjetivos nas rimas e variantes na cadência de alguns hexâmetros, falhas estas que, não só pelo embevecimento da exornada inspiração, mas pela maravilha do conjunto, se tornam imperceptíveis.

Longe de mim a pretensão de crítico. Nanja.

Não tive, como não tenho, outro intuito que o de noticiar minha descoberta. E, assim repartindo a nova hilar entre os iniciados, presumo que todo verdadeiro artista não poupará loas a esse espírito de eleição, a essa iluminada criatura.

Eu, por meu turno, lhe namoro o espírito, porque sem conhecê-la, em lhe sorvendo os amavios do estro, sinto uma como que saudade sua, nostalgia do local e das horas feiticeiras que a assistiram...

Rio, janeiro de 1917

Jornal O EXEMPLO

Porto Alegre, 8 de dezembro de 1918

INEDITISMOS... – por Francisco Ricardo

Apesar dos meus vinte e poucos, eu supunha estancada a fonte do ineditismo, tantos e vários aspectos do mundo toquei na fuga da locomotiva que me leva a Vida. Imaginei-me espelho do Universo, e falha e morta acreditava a novidade.

Mas, sanguinária e estranha e terrível surdira nestas paragens a mulher mais implacável e inacessível que jamais vira o Mundo: a Espanhola. Passeou sua individualidade por todas as ruas do Rio, e à sua passagem os mortais tombaram, febris agora e gélidos em breve. Nos seus vinte dias de bacanal mais impetuoso, sábios e nulos, ricos e indigentes nivelaram-se na involuntária dádiva da vida, e doze mil não lhe enfararam o capricho indomável, o orgulho altaneiro.

Esteve comigo por vinte dias, e como São Francisco de Assis tinha ela o poder de estar no meu quarto e em toda a parte ao mesmo instante. Era uma criatura fantasticamente admirável. Não consentira seu egoísmo que eu procurasse a meiguice de outro amor. E as amorosas menos perseguidas pelo seu satanismo mortal enviaram lacaios, telefonaram, escreveram para que me conseguissem resposta pessoal. Combalido e mudo, estirado e sonolento, eu tinha e representava a condição da inutilidade...

Mas não de singular calamidade epidêmica deveria ser a originalidade de minha última ementa. Se-lo-á e é-o de heroico e bárbaro amor.

Quando mais me vacilava a Vida e pelas ruas, abarrotadas de cadáveres, rodavam grandes caminhões, e atrelado voava o "Rabecão" ("Maria Crioula" em Porto Alegre) e os autos de todas as assistências buzinavam vertiginosos em todas as direções, e espavorida e dolorosa a turba, coesa, afluía às farmácias, aos consultórios e às delegacias – exatamente nessa hora de pavor e de amargura chegava atônita à minha morada, e com impaciência se fazia anunciar, uma Virgem de meu conhecimento.

Vinha reparavelmente só essa donzela adorável que a toda parte sempre se fizera acompanhar. Certamente a acompanhava dessa vez seu desmedido desvelo. Todos os seus enfermaram. Os criados não apareceram. E ela saíra em busca de médicos e remédios de primeira aplicação. Soube-me mal. E valia-se daquela liberdade angustiosa. Trazia-me o seu voto e o seu sublime e doce olhar de amor...

A minha incomparável enfermeira, esposa de meu senhorio, deu-lhe de começo a merecida honra da presença e da prosa. Mas, a breve trecho, deixou-nos a sós: foi socorrer outras vítimas.

E então, maior que a surpresa de sua visita, maior que a coragem de seu pudor, maior ainda que o pasmo dessa singularidade na minha história e mais alta que a febre onde o meu delírio tinha início, me foi sem dúvida a barbaridade da emoção de sentir-me agredido pela beleza sadia, pela adolescência exuberantemente erótica e pela inocência afetuosamente perturbadora dessa ingênua e amorável criatura que, ao de cima da mortal convencionada pelos humanos e da iminência contagiosa de um mal que apavorava, fez pairar, serena e meiga, a candura divina de sua alma imensamente afetiva.

Sim, quando sobre a fronte sua mão sondara a minha febre, eu tive nítida a ideia de que era um homem que santificava empolgado e vencido na luta silenciosa dos sexos... E eu vi fugir humilhada a falange selvagem do instinto ante o seu lindo vulto de carinho que, mais humano, parecia encarnar, entre o meu mal e o mal do meu desejo, a figura evangélica da Prece.

Foi uma lição de causalidade no insensato orgulho de minha filosofia.

Rio, novembro 1918

JORNAL DAS MOÇAS

Rio de Janeiro, 2 de outubro de 1919

NOVIDADE POÉTICA – por Santos Silva

Por fonte digna de todo crédito, sabemos que na próxima semana estreará, galhardo e original, o poeta Francisco Ricardo, assaz conhecido através as melhores revistas, o antigo colaborador do *Jornal das Moças*.

Esta notícia, entretanto, não teria razão de ser se não constatasse seu principal e justo motivo: trata-se de uma genuína novidade literária ou, mais claramente, de uma revolução na antologia nacional. Talvez a muitos pareça exagerada a nossa opinião; mas certamente conosco, – que estamos ao corrente de suas aptidões e sabemos de quanto é capaz o seu estro possante – estarão todos os espíritos verdadeiramente estéticos que, já o conhecendo por fragmentos, tiverem ensejo de lê-lo agora no conjunto.

Pelo que apuramos, Francisco Ricardo, levando por diante todas as correntes poéticas, num dos capítulos de seu livro levanta, e vazado nos mais artísticos moldes, o gênero épico caído com o glorioso Castro Alves. É o que se espera, e sem dúvida teremos de seu patriotismo exaltado.

Embora muito mais se nos ofereça dizer, ficamos por aqui.

Mesmo nos falta espaço. Oportunamente, e folheando o *Solidão sonora*, seremos mais longos. Aliás, como *furo*, damos aos leitores duas lindas quadras da série de suas "Exclamações":

Se enxutos no Passado os olhos ponho.
dele os retiro sempre rasos d'água,
vendo um sulco de mágua em cada Sonho
e um vestígio de sonho em cada Mágua!

Tem o zelo de todos os olhares
e dos olhares todos uma prece,
quando, paixão dos lânguidos luares,
Ela, ungida de Luares, aparece!

JORNAL DAS MOÇAS
Rio de Janeiro, 4 de dezembro de 1918

SOLIDÃO SONORA – (sem indicação de autor)

Francisco Ricardo publicou, finalmente, seu primeiro livro de versos, tão ansiosamente esperado. Os críticos literários e mais a imprensa, não se têm feito rogados em elogiá-lo. Francisco Ricardo, já o conhecemos bem quando recitou seu belo soneto "Guanabara ao Luar", em um festival da Academia Brasileira dos Novos, e como colaborador desta e de outras revistas. O Rio Grande do Sul tem sido fértil em seus poetas. Vingam quase todos e são sempre bons. Francisco Ricardo é, sem favor algum, um deles.

O seu modo de dizer, na poesia, é elegante, infatigável! E, muito embora o serviço tipográfico esteja simplesmente péssimo, a escolha das produções fazem-nos passar quase despercebida essa falta de rigor material. *Solidão sonora* é um livro admirável, onde um estilo firme e bem moldado, numa interminável espontaneidade de vocábulos, ressalta, logo a primeira vista, um aperfeiçoadíssimo poeta, que dará ainda, muito e muito que dizer! Esse livro é a última novidade da Liv. Alves.

Revista CARETA

Rio de Janeiro, 25 de outubro de 1919

PÁGINAS DA CIDADE – por Garcia Margiocco

Certa noite destas, passando às primeiras horas sob o toldo vítreo da Jardim Botânico, tropecei num grupo de três moços em que se remexia com alma um poucochinho de bricabraque sobre literatura.

Um deles, vendo-me que ia passando, destacou-se dos demais e veio a mim com uma interrogação risonha nos lábios.

– Não conheces nada do poeta Francisco Ricardo?

Aquela imprevista interpelação, caindo bruscamente em meus ouvidos, interceptou-me o passo como uma inesperada agressão física. Respondi às pressas, assustado:

– Eu?... Nada!

Imaginei logo que se tratava de um desses temíveis *bardecos* que tem transformado o Parnaso indígena em roda de expostos pela qual descarregam quase todos os dias nos prelos as suas danadas musas.

Nesse meio tempo os outros dois moços também se haviam aproximado. Disse um deles, corroborando com ardor a opinião do meu interpelante:

– O Ricardo é poeta.

O outro, alteando incontinente a voz, acrescentou em tom cerimonioso:

– Fique sabendo que é mesmo um poeta.

Compreendi então a sinceridade daquelas três almas juvenis e pressenti através delas o ensinamento da mocidade cujas manifestações espontâneas tendem sempre para as coisas verdadeiramente belas.

E foi no decorrer de uma rápida palestra, enquanto acendíamos os cigarros, que o mais sereno dos três moços anunciou que ia dizer um soneto do poeta, "A hora".

E disse-o. Com voz lenta, pautando as rimas, reproduziu o ritmo dolente de uns lindos versos.

Quando o moço terminou de recitar, confessei-lhe otimamente impressionado que achava a produção magnífica.

Poucos dias faz, esse mesmo moço me procurava para me entregar o livro recente do sr. Francisco Ricardo, um livro de versos, *Solidão sonora*.

Li-o nessa noite e tive então a verdadeira revelação de uma alma que sabe sonhar. Direi, no entanto, que o julgo mais artista do que poeta.

Diz-se, por exemplo, que para compreender bem um poeta é preciso ter muito coração. E o artista? Basta ter o senso estético apurado.

Entendo, porém, que o artista e o poeta impressionam do mesmo modo desde que saibam sonhar, pois a preferência por um ou por outro depende apenas de um estado de nossa alma. Heredia ou Musset, ambos encantam!

Todo o que escreve, por conseguinte, torna-se também romântico, lírico ou parnasiano conforme o estado de sua alma, através da qual, sentindo, canta, sonha e até tenta pintar.

O verdadeiro artista, porém, foge das imagens comuns, procura efeitos novos, sem modificar o sentimento que o inspira, o ideal que o leva a tentar a forma impecável.

Nota-se em verdade pelas composições que formam a *Solidão sonora* uma intensa vibração de imagens não raro imprevistas, outras há de concepções bizarras, mas todas elas, como a definir a personalidade do cantor, são sempre bem trabalhadas, revelam o artista, porque nunca deixam de ser belas.

Momentos após fechar o livro do sr. Francisco Ricardo, encontrando com alguns companheiros numa mesa de café, fiz referências à originalidade do poeta, ao bom trabalho que acabava de ler...

Cortou-me a palavra um crítico rebelde com um suspiro afetado, exclamando:

– Que pena ser o poeta brasileiro!

Por quê? Foi a indagação de todos os presentes.

Ninguém compreendia o sentido daquela exclamação!

E ele, olhando muito calmo em torno, sorriu irônico:

– É a única colônia no Rio que ainda não conta com elementos seguros para garantir o sucesso de seus artistas!...

Jornal ZERO HORA

Porto Alegre, 4 e 18 de junho de 2008

UMA TRAGÉDIA ANTERIOR – por Sergio Faraco

O poeta santa-mariense Ernani Chagas é um desconhecido. Um tanto a responsabilidade é dele, pois escrevia seus versos em mesas de cafés, e ao publicá-los na imprensa costumava assiná-los com pseudônimos, sobretudo o de Ricardo Severo. Não surpreende, então, que seu nome não seja familiar para a maioria de seus conterrâneos. De resto, em vida não publicou livro algum. Após sua morte, os irmãos Eurico e Emir Chagas reuniram-lhe os poemas e outros escritos em volume para o qual podiam ter escolhido um título menos óbvio: *Livro póstumo*.

O livro lhe traz a foto, no jardim da casa. De terno escuro e gravata, sentou-se na cadeira e cruzou as pernas. Os braços também estão ligeiramente cruzados e, na mão esquerda, entre o indicador e o médio, um cigarro. Calça borzeguins. Atrás dele, parte do jardim, uma porta e três venezianas abertas. Ele olha diretamente para a lente e sua fisionomia é tranquila, suave, mas atenta.

Ernani nasceu em 7 de outubro de 1898, em Santa Maria, filho de Bento Gonçalves Chagas. Trabalhava com o pai e irmãos em estabelecimento rural e desenvolvia intensa vida social. Embora muito jovem, durante alguns anos foi presidente de um clube esportivo, o Tamandaré. Era colaborador do jornal *O X*, com pequenas crônicas e poemas. Caricaturista, aquarelista, músico – tocava piano e gaita –, era tido por quem o conhecia como alguém que cativava pela generosidade. E era brincalhão. Costumava fazer caricatura dos amigos, para depois enviá-las pelo correio.

Morreu aos 22 anos, assassinado.

Em edição de 20 de abril de 1921, o jornal *Diário do Interior* reconstitui os episódios que resultaram no crime.

No dia 17, no Club Forasteiros, à Rua Coronel André Marques, Ernani e seu amigo Olmiro Antunes tiveram uma discussão por causa de uma mulher, Herocilda Moreira, e o poeta foi agredido com uma bofetada. No dia seguinte ele procurou Olmiro, encontrando-o às 21h na loja do sr. Ângelo Bolsson, à Rua Silva Jardim, e o chamou com um aceno. Altercaram novamente e Ernani esmurrou Olmiro, que sacou uma Browing 32 e disparou três vezes. Ernani foi ferido na região occipital, na coxa e no tórax, na altura da oitava costela. Esta bala, acrescenta o jornal, "atravessou o diafragma, lesou o estômago e perdeu-se na cavidade abdominal".

Olmiro foi preso.

Hospitalizado, o poeta não resistiu, falecendo às 22h15min do dia 19 de abril. O sepultamento ocorreu no dia 20, às 15h.

Os dois rapazes eram pessoas bem relacionadas e o crime causou grande consternação em Santa Maria. Todos os jornais locais se ocuparam do episódio, entre eles *O X*, que se esmerou em homenagens ao seu colaborador, inclusive com um texto de Aureliano de Figueiredo Pinto, mais tarde aproveitado como introdução no *Livro póstumo.*[11]

Após a missa de 30º dia, os amigos organizaram uma romaria ao cemitério, partindo do Café Guarany em "auto-bond", e o jornalista Sady Lisboa depositou no túmulo do poeta um ramalhete de flores e um exemplar de *O X*, conforme a edição de 29 de maio do mesmo jornal.

Olmiro, por sua vez, não suportou o arrependimento, e às 19h do dia 27 de dezembro de 1922, suicidou-se por envenenamento.

---

11. Porto Alegre: Livraria do Globo, 1935.

COLETÂNEA DE POEMAS

SONETOS[1]

A HORA[2]

(...) que vino como el sol una mañana y
se fue como el sol en una tarde...
MARTÍNEZ RIVAS

Chegou... sorriu... e sorridente quis
que enquanto ela durasse ao nosso lado
nenhum vivente fosse mais feliz,
nenhum vivente fosse mais amado!

Durou ano!... e partiu... Partindo quis
que o seu regresso fosse o mais pranteado!
E não houve mortal mais infeliz,
e não houve mortal mais desgraçado!

Vãs tentativas... Vãs as outras horas!...
Sou mais sombrio que todos os poentes!
És mais langue que todas as auroras!

E pela hora-imortal de nunca mais
serei sempre o mais triste dos viventes,
serás sempre a mais triste das mortais!

1. Sonetos em ordem alfabética pelo título.

2. *Careta*. Rio de Janeiro, 17 ago. 1918. Anotado pelo poeta: Rio, julho de 1918.

ALMA - ILHA FLORIDA[3]

Como una voluntad sobre un obstáculo.
MANUEL UGARTE

Fiz de minh'alma uma ilha abandonada
e nela com desvelo o meu pomar:
a minha noiva é a branca madrugada
e o meu velhinho jardineiro o luar.

Na voz de minha noiva há voz de fada...
ecos de ermos... rumor de ninhos no ar...
Só ela sabe, célica e encantada,
ser minha amiga e me sentir e amar.

De dia, em torno de minha ilha, ninfas
cantam... me enviam madrigais nas linfas
numa divina e humana tentação...

Mas, desiluso, ouvidos e olhos tapo
para evitar que o coração, meu sapo,
se encha e esvazie ao jeito de um balão!

---

3. *Solidão sonora*. Rio de Janeiro, 1919.

ALTÍSSIMA ANÔNIMA[4]

On ne peut adorer que l'inconnu;
Il n'y a plus de religion Là où Il n'y a plus de mystère.
REMY DE GOURMONT

Vossa visão fidalga de madona
anda comigo de uma tal maneira
que até parece vida de Verona
a minha humilde vida brasileira.

Soberba, e ilustre, e senhoril, é dona
da minha enorme insônia, noite inteira...
E a minha insônia, cheia de Verona,
deixou de ser insônia brasileira.

E assim, vivendo vida de Verona,
numa ambição que nem vos ambiciona,
calado, longe quando estou mais perto,

crede que se mais sofre quem não chora,
e se mais cala quem mais ama, certo
quem ama e sofre... quando cala... adora.

4. *Fon-Fon*. Rio de Janeiro, 12 nov. 1921. Epigrafada, a seguinte nota: "Só ela, a habitante da minha altura, entenderá, cheios de momentâneo sangue azul, os versos que escrevi no leque da palmeira".

A MARGARIDA QUE EU NÃO DESFOLHEI[5]

Desfolhei a primeira margarida...
Eu quis saber se eu era o bem-amado...
Minha ilusão ficou desiludida...
Antes nunca a tivesse desfolhado!

Eu mal-querido pela bem-querida?
Talvez eu mesmo houvesse me enganado...
Confirmou-me a segunda margarida
o que a primeira tinha sentenciado!

"Que eu ouvisse a sentença da terceira..."
Assim falou-me doce conselheira,
mas seu doce conselho recusei.

Recusei para ter na dor da vida
ao menos a ilusão da margarida,
da margarida que eu não desfolhei!

5. Bittencourt 1, p. 60.

AMO OS MEUS VERSOS MAIS QUE OS MEUS AMORES[6]

– Que mais amaste nesse doce engano,
doce engano que cedo se acabou?
– Eu amei... um soneto soberano!
Amei os versos que ela me inspirou...

– Eu soube que passaste um dia insano
no dia em que esse engano se finou.
– Por ver que não valia o doce engano
os versos de um poeta como eu sou...

– Mas és o eleito das camenas novas,
outra te inspirará mais belas trovas...
outra... mais bela que essa que morreu...

– Nunca mais cantarei mulher nenhuma,
porque não há mulher que valha, em suma,
um soneto de um poeta como eu!

---

6. Bittencourt 1, p. 47. Tb. Rodrigues, Francisco Pereira. Francisco Ricardo na literatura do Brasil. *Revista da Academia Rio-Grandense de Letras*. Porto Alegre (17): p. 92, out. 2002. Soneto escrito em 1916.

ÂNSIA DO IDEAL[7]

Como pesa esta vida, como cansa
à espera de outro mais ditoso dia!
Que esforço em conservar uma esperança
ante a desilusão acerba, ímpia!

Inda há bem pouco eu era feliz: vivia
na ingênua indiferença de crença;
e hoje – quanta apreensão, quanta agonia
pela futura, pela atual mudança!

Aniquila-me a algema espiritual
nas horas de trabalho – único meio
de ser digno do meio social.

Pobreza honesta herdei do pai, do avô;
mas justo, embora, eu vivo de ânsias cheio,
cheio do ideal de ser o que não sou!

---

7. *Fon-Fon*. Rio de Janeiro, 02 nov. 1914.

ARGONAUTA[8]

Como entre os céus e as águas as gaivotas,
fiz entre águas e céus singrar as quilhas
do meu destino, com destino a ignotas
plagas de imaginárias maravilhas...

Num tantalismo intérmino de milhas
vogou mar alto o meu velame rotas
de movediças e encantadas ilhas,
tanto mais lindas, quanto mais remotas.

Mas, com destino ao meu destino, vinha
a nau faustosa de uma êxul rainha
com a oferenda da palma ao meu porvir.

Deu-se a abordagem... fiz mansão no mar...
sem mais cobiças para prosseguir,
sem mais saudades para regressar!...

---

8. O *Exemplo*. Porto Alegre, 28 abr. 1918.

A SUGESTÃO DE UM SONHO[9]

Para a estética requintada de Chagas Carvalho,
meu patrício e meu amigo.

Madrugada. Ela dorme. Há silêncio e há luar
e no espelho, que fica em frente da janela,
há o claro azul de toda orgia luminar,
há o claro linho ondeando o claro corpo dela!

Sedento, em febre, a fito a murmurar: "Tão bela!"
Em êxtase contemplo essa mulher sem par,
e tudo o que ela sonha e o rosto seu revela
eu suponho entrever, eu desejo sonhar!

Sonhando... ora soluça, ora estremece e ri...
Não me contenho, e meigo a acariciá-la a esperto,
e as pálpebras abrindo, exclama: "Ansiei por ti..."

E, enquanto ela me diz seu sonho e a beijo e a aperto,
nos vamos saciando em louco frenesi
como o viajor sedento à fonte de um deserto!...

9. *O Exemplo*. Porto Alegre, 20 fev. 1916.

AURORA PERENE[10]

Je sens l'imminence du prodige.
Je n'ignore plus aucune ivresse.
GABRIELE D'ANNUNZIO

Essa que a cada passo aos meus olhos assoma
e minuto a minuto os meus passos detém,
e silenciosa excele o mais sonoro idioma
porque seu claro olhar me diz que me quer bem;

essa que em cada gesto ensina novo axioma
e perto ou longe faz supor que longe vem...
qual retrato animado ou painel em redoma
que canse sem saciar a vista de ninguém;

e promete e recusa, e ainda a escusa é promessa
e a voz é um salmo e as mãos um ai de súplica! Essa
é a harmonia imortal da beleza primeva

que eu sonho e vejo, ó mundo! e, alma e suave, conduz
como contra uma aurora um gigante de treva
uma aurora perene aos meus olhos sem luz!

---

10. *Solidão sonora*. Rio de Janeiro, 1919.

A VITÓRIA E A DERROTA DO MEU LEMA[11]

Eu fiz o mais esplêndido dos lemas
e usei-o no esplendor dos meus misteres:
"...cabeça coroada de poemas
e coração povoado de mulheres..."

Venci batalhas, rebentei algemas
e conquistei troféus de bem-me-queres
com a cabeça coroada de poemas
e o coração povoado de mulheres.

Mas, novo Bonaparte em Santa Helena
eu tive, como o sol, o ocaso, a pena
do exílio... e o horror dos corações incertos...

E hoje tenho, em memória de altas ânsias,
"cabeça coroada de distâncias
e o coração povoado de desertos!"

---

11. Bittencourt 1, p. 46. Tb. Rodrigues, op. cit., p. 91-92.

BEM-ME-QUERES[12]

Para Raul Boccanera.

Depois que te conheço desconheço
e desconheces esses mal-me-queres
que sempre crucificam no começo
o amor dos homens como das mulheres...

Eu sei que me amas como bem mereço...
Sabes que te amo mais do que tu queres...
Eu valho todos para o teu apreço...
Tu me vales por todas as mulheres...

Quando meu coração se desconsola
desfolho bem-me-queres... e a corola
derradeira me diz que tu me queres...

E eu que não fui nem sou de mais ninguém,
quero morrendo como os bem-me-queres,
morrer dizendo que te quero bem!...

Especialmente para Castalia.

12. *Castalia*. Santa Maria, ago. 1926.

CARNAVAL[13]

Nunca pensei no carnaval da vida!
Por isso fui chegando como vim...
E assim... não trouxe a máscara exigida
nem de palhaço nem de mandarim...

Só máscaras havia na avenida...
Não pensei que a avenida fosse assim.
Desconheci a gente conhecida,
e a gente conhecida riu de mim!

No turbilhão risonho da folia
eu era unicamente o que não ria
nem tinha aspecto de rapaz feliz!

Não tive jeito para ser pierrô!
Por isso a colombina não me quis
e eu fiquei sendo apenas o que sou!

---

13. *Fon-Fon*. Rio de Janeiro, 14 mar. 1925.

COMO EU QUISERA A DONA DO MEU NOME[14]

Quisera que ela fosse diferente
de todas... esquisita... superior...
e assim pensasse diferentemente
o pensamento universal do amor.

Quisera que ela fosse diariamente
inacessível ao maior louvor:
suscitasse rumor na turba ambiente
sem descer a pensar em tal rumor.

Uma criatura de áulicas olheiras...
formosa... e de belezas imponentes
nos pensamentos como nas maneiras.

Uma criatura instável como as horas
que me adorasse em todos os poentes
e que me odiasse em todas as auroras!

---

14. Bittencourt 1, p. 21-22. Tb. Bittencourt 2, p. 113 e Rodrigues, op. cit., p. 90.

CONFISSÃO SILENCIOSA[15]

Se o verbo mata às vezes a ilusão
e a ilusão é a ventura dos mortais,
assim mais vale a nítida expressão
das caladas mensagens visuais...

Mais que a palavra vale o gesto. A mão
numa outra mão, depois do olhar, diz mais
que a mais gentil e linda confissão
no mais lindo e gentil dos madrigais

A que eu tiver na dor ou na ventura
não pedirei nem confissão nem jura
do seu sincero ou simulado amor...

Nem me há de ouvir dizer se bem lhe quero:
porque calado sei que sou sincero,
porque falando sei que sou traidor!

---

15. *Solidão sonora*. Rio de Janeiro, 1919.

CONTRADIÇÕES[16]

...E eu disse assim... depois... não mais o disse!
Contradição? Momento diferente!
Um momento talvez de maluquice,
maluquice talvez de toda gente...

Qual ao espelho o perfil do adolescente,
qual ao espelho o mesmo homem na velhice,
assim sucede com o que disse a gente,
assim sucede com o que a gente disse!

Nunca é igual nenhuma hora! Nenhuma hora
torna a mesma! E o retrato nunca é igual,
que o tempo em tudo sempre colabora...

E ai de ti, senso meu, se não mudasses!
se o tempo só fizesse, alheio ao ideal,
tão só contradições nas minhas faces!

---

16. *Solidão sonora*. Rio de Janeiro, 1919.

CONTRIÇÃO[17]

Deus meu, que nos meus dias apareces
quando resvalam beira-mal meus dias,
vê se ainda de mim te compadeces,
vê se minhas angústias alivias!

Nunca ousaria enviar-te minhas preces
por mais que doessem minhas agonias,
se pela voz de Cristo não dissesses
que os que se arrependessem, salvarias!

Bem vês que me arrependo dos meus erros;
bem vês que eu morro quando vejo enterros;
bem vês que eu sofro quando sofre alguém!

Faze que eu tenha nunca rumos tortos
e tenha o amor dos vivos e dos mortos
pelos martírios de Jesus! E amém!

---

17. Bittencourt 1, p. 68-69.

DEPOIS...[18]

Fiz deste olhar moldura de um semblante
numa de Abril dourada tarde além...
Eu tinha o aspecto do êxito hesitante
e ela o semblante da palavra amém...

Depois, aurora aos braços do levante,
levante e aurora fomos nós! Ninguém,
sob um céu de volúpia fulgurante,
ninguém no mundo soube amar tão bem!

Depois... qual alba esplêndida esvaída.
na mais olímpica manhã da vida
ela apagou-se! Simples luz errônea...

Depois... nem sei... Sei que evocando aquilo
gastei minha cabeça numa insônia
e nunca mais pude dormir tranquilo!

Abril 1919.

---

18. *Careta*. Rio de Janeiro, 28 jun. 1919.

DETERMINISMO[19]

Trago uma cisma, e a cisma repetida
conduz às vezes à alucinação:
creio seguir meus passos, minha vida,
uma querida, uma feral visão.

E às vezes de tal forma é pressentida,
de tal maneira meus delírios são
que até suponho vê-la ressurgida
aproximar-se e me estender a mão!

E bela e muda prende o olhar em mim,
olhar que implora que um reparo intente
por nosso enlevo de funesto fim.

Como me aspira de seu lado junto,
no mesmo olhar traduz dolentemente:
– Ou serei viva ou tu serás defunto!

19. *Fon-Fon*. Rio de Janeiro, 31 jul. 1915.

DISTÂNCIAS[20]

Fomos na vida como as estações
aproximadas... que não se encontraram;
fomos como dois próximos vulcões
que se aqueceram mas não se queimaram!

Fomos na vida como as orações
que favores contrários suplicaram;
como dois grandes ódios sem perdões
que, por não se perdoarem, mais se amaram!

Fomos na vida como o sol e a luz;
fomos como horizonte que recua
para iludir que o céu no mar tombou!

Fomos como esse céu que além naufraga...
Como um clarão de lua que se apaga...
Como um clarão de sol que se apagou!

---

20. Bittencourt 1, p. 36-37. Tb. Bittencourt, op. cit., p. 91.

EGO SUM...[21]

Sei que me modifico diariamente
entre uma convicção e um desengano
e às vezes faço escárnio a toda gente
num ceticismo justo, soberano!

Já nem mais me entristeço nem me ufano
ter mais ou menos um amigo à frente:
apóstata do alheio afeto humano,
sou desumano porque sou descrente!

Minha consciência é a minha religião:
dela me assiste um deus, meu magno amigo
nas minhas horas de atribulação.

De âmago incompreendido e resignado,
vivo feliz por viver bem comigo,
tendo o orgulho de às vezes ser odiado!

21. *Fon-Fon*. Rio de Janeiro, 17 mar. 1915. O soneto foi escrito em março de 1915, no Rio de Janeiro, conforme o poeta o anotou ao enviar para a revista.

ELOGIO DA TRISTEZA[22]

Para Silva Dias.

Se o início da eleição é a simpatia,
a simpatia leva à dileção:
assim na mágoa como na alegria,
assim no crime como no perdão.

Uma criatura de íntima agonia,
como uma estátua de resignação,
dá muito mais motivo de poesia
que a atitude hilariante da expansão.

A gente fica adivinhando essa alma
pelos vestígios de forçada calma,
pela ansiedade de desparecer...

E por ser triste só alma triste elejo
porque a tristeza alheia dá desejo
de ser-se humano e consolar um ser...

22. *Jornal das Moças*. Rio de Janeiro, 22 mar. 1917.

ERA ESCÂNDALO AMAR COM TANTO AMOR...[23]

Não havia maneira de passar
uma semana sem brigar comigo...
Depois, passava a me telefonar
a ponto tal de parecer castigo:

"Eu quero que me venhas encontrar...
Oh! Nunca mais me zangarei contigo!
Mesmo que não me queiras mais amar
quero que sejas meu maior amigo!"

E em cada encontro, no renhir dos zelos,
o meu beijo esmagava o seu sorriso,
minhas mãos derrubavam seus cabelos!

Tanta zanga gerou tanto carinho
que a bem do nosso nome foi preciso
que cada qual seguisse seu caminho!

---

23. Bittencourt 1, p. 38.

ESTRELA CADENTE[24]

Nem foi amor nem bem curiosidade
aquele meio mês de suave enlevo:
foi qualquer coisa que deixou saudade,
que eu não profano porque não descrevo...

Sei que a visita da felicidade,
que de tão linda nem cantar me atrevo,
vendou meus olhos para a felicidade
por um momento que eu supus longevo!

Foi um sorriso de mulher divina
que me ficou no canto da retina
como um sorriso que não mais sorriu...

Foi uma estrela que eu direi cadente
porque não mais luzia fagueiramente
no claro-escuro de meu céu sombrio!...

---

24. *O Exemplo*. Porto Alegre, 16 dez. 1917. Anotado: "Rio".

ETERNO TEMA[25]

Entre nós dois havia simplesmente
um começo de simples simpatia:
a diária reverência sorridente
de uma despretensiosa cortesia.

E a nossa simpatia reverente
foi ficando afetuosa, cada dia...
Longe dela eu sentia, de repente,
alguma coisa de melancolia...

E agora, a medo, o nosso olhar acusa
a aparição de uma palavra intrusa
que os dois ouvimos, mas nenhum não diz...

Somos escravos de um cordial receio...
Ela nasceu para a ventura, e eu creio
que ela, comigo, não será feliz!

---

25. Bittencourt 2, p. 107.

EU PECO SEMPRE QUE ME LEMBRO DELA[26]

Foi um perfume que ficou na vista,
ficou na vista e quis ficar de cor
como se fosse um verso simbolista,
um verso de Onestaldo Pennafort!

Tinha o vago saudoso da ametista
e a candura da toalha do altar-mor,
aquele cheiro que ficou na vista,
aquele cheiro que ficou de cor!

Mulher nenhuma tem aquele cheiro...
Era um cheiro fundo de jacinto
quando desata o alento derradeiro...

E direis que é pecado capital:
mas o cheirinho de seu corpo, eu o sinto
até mesmo nas folhas de um missal!

26. Bittencourt 1, p. 31.

EU SOU...[27]

Para João Ribeiro.

Eu sou a rima do meu eco... o além
do som que fui... que ainda percute em mim...
Tudo o que sou vem do passado, é o bem
de uma hora amarga, de um minuto ruim...

Eu sou resposta a um já senil desdém
de amor... O estouro de um silêncio... Assim
como o que é belo no começo e tem
um quê de triste e de fatal no fim...

Sou... nem bem sei... (talvez um nauta, ao léu
de águas revoltas mas que o não demovem
de olhar o encanto de seu próprio céu...)

...cristão que odeia quando não desanca
falsa velhice numa fronte jovem...
senso infantil numa cabeça branca...

27. *Careta*. Rio de Janeiro, 22 nov. 1919.

EXCLAMAÇÕES[28]

Na floresta do mundo! e arbusto ananto!
Tombar sem fruto e me extinguir sem flor!
Eu que desde os agraços amei tanto!
Eu que amei tanto e tive tanto amor!

Meu pobre olhar! meu bêbedo de curvas!
vives cambaleando em minha cara
com as mensagens tímidas e turvas
de uma palavra que persegue e para!

Passam tão perto as saias em segredos!
Quantos perfis de eróticos zunidos!
E este estertor nas pontas dos meus dedos!
E esta sede nas conchas dos ouvidos!

Sobre o teu braço, ó soberana Imagem!
nessa planície luminosa e nua
há de passar meu beijo de passagem
como um cardeal sangrento sobre a lua!

Ó religião de já longínqua idade!
Que podes tu, católica divina,
ante a volúpia da finalidade
do paganismo azul de uma retina!

---

28. *Careta*. Rio de Janeiro, 31 ago. 1918.

FUGAZ APARIÇÃO[29]

J'ouvris les yeux, doutant si l'aube était réelle.
PRUDHOMME

(...) que o incentivo do amor às vezes faz
subir à glória um ser sem fé nem paz.
ORPHEU VINICIO

Linda e radiosa como a aurora, um dia
ao jeito de uma Santa Aparecida,
porque a vida me fora uma agonia,
ela surgiu-me na manhã da vida!

Mas, tal como a Quimera, inatingida,
essa vestal fagueira e fugidia,
mal visionei, fugiu-me diminuída
como foge uma vela na baía!

Foi-se... não mais a vi... Levou consigo
a aspiração que me animava a vida,
a única vida que viveu comigo!

Daí meu tédio, minha atroz saudade
por essa aurora desaparecida
no levante de minha mocidade!

29. *O Exemplo*. Porto Alegre, 05 nov. 1916.

GLORIFICAÇÃO[30]

Promessa a quem me promete...

Hei de ostentar por toda a parte o meu orgulho
de trazer-te ao meu lado irradiando beleza,
e onde passares, como o sol num céu de julho,
toda rua sem luz ficará toda acesa!

Hei de ouvir com vaidade o glorioso barulho
da multidão em torno a te fitar surpresa,
e, meigos, nós os dois, no mais feliz arrulho,
teremos ala igual às alas da realeza!

Eu te hei de defrontar da mais linda mulher,
de país por país onde mais bela houver,
para a vaidade ter mais fama e mais valia!

Porque todo esplendor que esse teu ser encerra
é de Maria, é lá do céu, não há na terra,
e tu o possuis porque nasceste de Maria!

---

30. *Fon-Fon*. Rio de Janeiro, 27 nov. 1915.

GUANABARA AO LUAR[31]

Para Conceição Gilette de Andrade.

Quando o luar unge a terra e a alma obscura e a alma clara,
não há talvez no mundo encantamento igual
ao da orgia da luz na água da Guanabara
vertendo paz, lembrando o amor, alçando o ideal!

Amplo e aberto, o colar de focos fulge, e aclara
beira-Mar... Niterói... Cai livor! Cai cristal!
No ar erram lendas... Véus... Ânsias de arte preclara...
Paira em tudo o esplendor de um painel oriental!

O Pão de Açúcar sonha e acena, e ao céu se inclina
ébrio de luz, bebendo o espaço, ouvindo a ondina
que encanta o nauta e embala as naus da Cantareira!

E o Corcovado chama o mundo e o desafia
para, da altura, ver raiar na noite o dia
e a beleza sem par desta pátria altaneira!

---

31. *Careta*. Rio de Janeiro, 10 nov. 1917.

ÍDOLO EXTINTO[32]

Adolescente imaginei um dia
pelo clarão do meu primeiro amor,
imaginei que o meu porvir seria
um porvir de vitória e de esplendor!

Fui ao Parnaso. Tive Orfeu como guia.
De lá voltei artista e sonhador:
voltei pensando que meu estro havia
de animar minha Vênus sem calor!

Ideal extinto! Glória derruída!
A minha estátua continuou sem vida,
sem sentimento para me sentir!

E, como interjeição da própria sina,
sou no mundo um fragmento de ruína
rolando para as ruínas do porvir!...

---

32. *Fon-Fon*. Rio de Janeiro, 19 ago. 1916. O poeta anotou o soneto como datado de junho de 1916, no Rio de Janeiro.

INAH DEI...[33]

Por uma noite de luar crescente
eu te arrostei; vinhas num bonde, ao lado
da circunspecta e delicada gente
que te escutava de sincero grado.

Foste-me em coisa alguma indiferente:
tudo de ti me mereceu cuidado,
e tanto que, de então continuamente
evoco o instante desse encontro asado!

Por um feliz acaso os olhos pousas
nas linhas a que deste algum motivo,
algum motivo de secretas cousas...

Mas d'ânsia de escutar-te e encher o ouvido
surge o pressentimento repulsivo
de compreender-te e ser... incompreendido!

33. *Jornal das Moças*. Rio de Janeiro, 18 dez. 1914.

INSÔNIA[34]

À memória de Marcos José Ricardo.

Livor! O azul aberto! Espaço e brilho!
Noite alta. Insônia. E, ao léu das horas, erra
minha memória pela minha terra,
pelo meu lar, de que não compartilho.

Lembrar! Acerba distração do exílio!
E das lembranças que meu diário encerra,
uma há que é uma elegia... e que me aterra
porque feral foi meu segundo idílio;

outra, exuma meu pai, de que me resta
a par do nome uma memória honesta.
E à ânsia de amar qual noivo e filho e irmão,

e ao tédio de guardar afetos a esmo,
eu sofro a nostalgia de mim mesmo,
a saudade... do antigo coração!

---

34. *Fon-Fon*. Rio de Janeiro, 24 abr. 1915. Soneto escrito no mesmo mês em que foi publicado.

JANDYRA[35]

Il y a un long chemin de mon Coeur à mon âme.
MAETERLINCK

Ao bom prof. Carlos Braga.

O verso que ora lês, de que és motivo,
meu verso simples e sem pretensão,
fi-lo pensando em ti, fi-lo cativo
de um desvario que causas... sem noção!

Outrora amei demais, a esmo... em vão;
depois... formei meu ideal definitivo
e anestesiei de vez o coração
e dar à mente o curso por que vivo.

Hoje que te contemplo, hoje... vacilo:
me invade a pouco e pouco estranho afeto,
dia a dia me sei menos tranquilo!

Cruel dilema! Que é melhor propor:
que me repilas como a um ser abjeto,
ou que me abrigues no teu santo amor?

---

35. *Fon-Fon*. Rio de Janeiro, 03 abr. 1915. O poeta anotou o soneto como tendo sido escrito no Rio de Janeiro, em 18 de março do mesmo ano.

LUAR E PENUMBRA[36]

Para minha mãe, Ernestina Pereira Ricardo
(diante a indelével memória de Marcos).

A minha infância foi um céu aberto,
de azul sem nuvens desde a aurora ao luar!
Meu pai! eu o tinha, nesse tempo, perto
e era tudo alegria no meu lar!

Quando o perdi, meu lar ficou deserto!
Depois vieram dois monstros, par a par:
o tédio, todo de negror coberto
e o pranto! Pranto e tédio o meu solar!

E entrei de luto a adolescência, e penso
atravessar de luto a vida inteira
sob a penumbra do caminho imenso!

E entre a descrença e a desconsolação
palmilho, olhando no alto da ladeira
um grande ponto de interrogação!

---

36. *Solidão sonora.* Rio de Janeiro, 1919.

LUAR MALDITO[37]

...de estrela em estrela procurá-la,
a alma não mais voltou
nem deu notícias dela.

HERMES FONTES

Esse luar, que toda gente fita
cheia de cisma e de estupefação,
tem comigo uma dívida infinita,
sim, tem meu ódio e minha maldição!...

Quando aparece... e no meu quarto grita
ferina gargalhada de irrisão,
toda minha ira em convulsões se agita,
se agita a mágoa de uma evocação:

é que o lugar-assassino, o luar-funéreo
que farejava aquele cemitério
que, ante o lar dela, tanta vez transpus...

descobriu-a... uma noite e, apaixonado,
teve ciúmes de meu feliz noivado
e... arrebatou-a amortalhada em luz!...

---

37. *Fon-Fon*. Rio de Janeiro, 23 jan. 1915. Dedicado a Séraphin Silva e Joaquim Borges.

MÃE[38]

Desde que me apartei do lar querido,
daquele lar singelo e sacrossanto,
trago no peito o coração partido
flutuando na torrente do meu pranto.

Neste espaço de tempo percorrido,
conquanto neste Rio de excelso encanto,
só, desterrado, como um ser banido,
tenho sofrido e delirado tanto!

Tudo me falta! Até notícias! Ai!
Não sei de mim, porque não sei dos meus!
Minh'alma os busca, busca o extinto pai!

Como me dói a dúvida desta hora:
se, feliz, minha mãe medita em Deus
ou se de Deus misericórdia implora!

---

38. Bittencourt 1, p. 7. Soneto enviado do Rio de Janeiro para a mãe, em carta de 22 de setembro de 1914, meses após sua partida de Porto Alegre.

MÃE[39]

Mãe! Tenho medo de dormir sozinho!
Vem cá, põe os teus olhos no meu sono!
Mãe! Chega aqui, me traz o teu carinho,
não me deixa no escuro, no abandono!

Mãe! Bem vês que ainda sou tão pequeninho!
Tua és a minha dona e eu sou teu dono!
Não quero ser um pássaro sem ninho,
folha seca que tomba pelo outono!

Mãe! Recorda quando eras pequenina,
quando tinhas teus mimos de menina,
recorda o que a vovó fazia em ti!

Mãe! Me procura como eu te procuro,
não me deixa sozinho aqui no escuro.
Mãe! Me ajuda que eu durma, chega aqui!

---

39. Bittencourt 1, p. 51.

MAIA DE MAIO[40]

Amei a infância na mulher que amara,
de olhar de fogo e coração de gelo.
TEIXEIRA DE MELLO

Eu lhe assistira a infância e a adolescência,
desde perna desnuda à longa saia,
toda a candura, toda a inexperiência
dessa grácil, dessa mimosa Maia

que a um tempo foi minha arte, minha ciência,
minha exclusiva vocação sem raia
que, inda na insônia da reminiscência
minh'alma taciturna exora e ensaia!...

Faquir nos meus transportes... Sul em fora...
desfolho, quase sempre, hora por hora,
um maio antigo... um maio malmequer...

porque inda é causa de íntima agonia
essa Helena sem alma de Maria,
essa homicida, sem igual mulher!...

---

40. *Fon-Fon*. Rio de Janeiro, 26 jun. 1915.

MEU ESPLENDOR[41]

Para Pontes de Miranda.

Eu algemei uma hora por dois anos!
Esplêndida: banhou-me de esplendor...
Mas, condoído dos olhos dos profanos,
ermei-me... mimetismo de sol-pôr...

Depois... me fiz profeta dos enganos
e alquimista dos rastros do esplendor...
Mas tive meus instintos mais vesanos
que as insânias que matam por amor...

Fiquei sereno à custa de estertores...
Tive um bocejo para os esplendores...
Senti que os esplendores são penúrias...

Fiquei, mercê das iras altas, sendo
um fauno etéreo, um deus tarado, ardendo
na montanha consciente das incúrias!

41. *Careta*. Rio de Janeiro, 10 dez. 1921.

MEUS LEMAS[42]

Fiz o meu lema de manhãs extremas,
de bem-me-queres e de malmequeres:
"cabeça coroada de poemas
e coração povoado de mulheres".

Galguei as cordilheiras mais supremas,
mudando em malmequeres bem-me-queres,
por ter cabeça cheia de poemas
e coração povoado de mulheres...

Depois... pairei mais alto que os condores...
Fugi do olor de uns restos de estertores...
Desviei-me das aragens – sem fragrâncias...

Fiz novo lema sobre os meus excertos:
"cabeça coroada de distâncias
e coração povoado de desertos..."

---

42. Bittencourt 1, p. 46.

MINHA DÚLCIDA A. N., CARA E ETERNA[43]

Queres notícia detalhada, inteira,
da minha vida pelas cidadelas?
– Minha vida não passa de palmeira
cheia de trepadeiras amarelas!

Pedes notícia minuciosa, inteira,
das minhas mais recônditas novelas?
– Minha íntima novela derradeira
é um hino às trepadeiras amarelas.

Há um grande enredo nessas trepadeiras,
um enredo que, em tudo, se parece
com aquelas nossas horas derradeiras...

É um começo medroso já do fim...
Como um jardim que, súbito, fenece,
Minha vida floresce e murcha assim...

---

43. Bittencourt 1, p. 23.

MINHA MÃE[44]

Após íntima luta sobre-humana,
taciturno eu cruzava o corredor
que une o umbral da descrença, que profana,
ao umbral de um templo purificador,

quando, depois de um mês e uma semana
de silêncio e de espera, de ânsia e dor,
inclusa à carta da querida mana,
veio a de minha mãe do meu amor!

Veio afinal, e tal unção dimana,
tem tal brandura em meus sentidos posto,
que até minh'alma, diferente e ufana,

se me vai rumo ao lar! Partiu... Deixou-me
de olhos presos à carta, riso ao rosto,
tendo nos lábios múrmuros seu nome.

---

44. Bittencourt 1, p. 49. Datado pelo poeta: 22 de julho de 1915.

MORTAL E ETERNA[45]

Tu, sim! Mortal e eterna, irás comigo
sem que o mundo te veja do meu lado!
E irás comigo como eu fui contigo
na tarde de ouro de um abril fanado...

E irei sorrindo o teu sorriso antigo...
e quando a turba me encontrar gelado
compreenderá que eu não morri comigo,
que ia comigo o teu sorriso amado!

Levo-te n'alma... Hei de morrer sorrindo
num doce adeus para teu vulto lindo
que se afastou sem ódio e sem amor...

E hei de morrer serenamente brando...
morrer... como quem morre contemplando
linda homicida que matou sem dor!

---

45. *Castalia*. Santa Maria – nº 5, 1927.

MULHERES[46]

Tanto quanto puderes, enche a vida
de uma infinita sede de mulheres:
elas, fonte de mágica bebida,
saciarão toda sede que tiveres!

Vejas na vida uma oferenda, a vida
como único holocausto das mulheres!
Para elas: o fulgor da tua lida;
o ouro; a glória do heroísmo que fizeres!

Bendita a que te apaixonar; divina,
a dona da oração da tua sina,
na procissão de todas as mulheres!

Mulher: o azul do céu; mulher: teus ares,
o sorriso, a visão que tu levares,
a palavra final que tu disseres!

---

46. *Careta*. Rio de Janeiro, 07 maio 1921. Soneto escrito no mesmo ano. Tb. Bittencourt 2, p. 108.

O SONETO QUE NUNCA ESCREVEREI[47]

Um soneto que fosse decorado
sem pensar, sem sentir e sem querer,
e assim por ela fosse recitado
no momento em que fosse me esquecer...

Um soneto que andasse de seu lado
de modo que ela o não pudesse ver,
e aparecesse súplice, ajoelhado,
quando ela me quisesse malquerer!

Um soneto que fosse dor dormente,
solene e triste como a dor do poente
acompanhando o féretro do dia...

Um soneto em que houvesse a dor da luz
que viu morrer os olhos de Jesus
olhando os olhos tristes de Maria!...

---

47. *Fon-Fon*. Rio de Janeiro, 13 out. 1923.

O VENCIDO DA ESPERA[48]

Quando sai de manhã para o habitual serviço
(disse-me ele uma vez), sai crente, sai confiante
num ditoso imprevisto... e pensa a todo instante
numa vida melhor! E lida e pensa nisso!...

Mas, no final do dia, à luz de um sol mortiço,
dói vê-lo regressar, desiluso e ofegante,
talvez pensando, êxul, no velho lar distante
onde nasceu e teve infância e teve viço!

Ainda uma noite atrás o vi parado, absorto,
fitando a catedral e o resplendor da Santa
que do cimo da torre espreita o nosso porto.

Certo, implorava fim àquela dor intensa
de trazer maldição a rugir na garganta,
combalido da espera e cansado da crença!

---

48. *Fon-Fon*. Rio de Janeiro, 29 maio 1915. Soneto escrito no mesmo mês da publicação.

PORQUE NARCISO CONTEMPLOU MINH'ALMA[49]

1

Meu nome viverá de Sul a Norte;
bem alto, numa intérmina subida;
viverá como um lábaro num forte,
como uma Babilônia renascida!

Meu nome viverá de Sul a Norte
porque deixo, em memória da partida,
sobre o silêncio lúgubre da morte,
o tumulto recôndito da vida!

Viverá como o mar: saudando plagas,
na harmonia oceânica das vagas,
na alma das praias, na aura das canções!

Viverá como o sol: além dos poentes,
além da terra, além dos impotentes,
longe da poeira das profanações!

2

Essa grandiosa sombra sempre adiante
que as sendas me abre e os versos meus assina,
sombra que é som sidéreo e é luz flamante
e além da morte o nome me ilumina

---

49. Bittencourt 1, p. 44-45.

é a sombra eterna de Virgílio, é Dante!
E unindo a minha à sua excelsa sina
eu fiz perene o meu mortal instante
e pus na humana fala a voz divina!

E assim, nas horas de deslumbramento,
dobrando o verbo sobre o pensamento,
mostro a beleza em seu fulgor sem véu!

E o seu fulgor renome tal derrama
que eu creio até que o próprio céu me aclama
e a sombra cede o seu lugar no céu!

REPENTES[50]

Por que será que eu canto a sós, súbito, agora?
Como estou diferente! E quanta alacridade
neste exótico instante o meu íntimo invade
e me leva a exumar uns repentes de outrora!...

Singular: inda há pouco, há coisa de uma hora
a atonia do fado e o tédio da saudade
povoam meu ermo... enquanto a soledade
do coração aumenta e se maldiz e exora...

Canto... e de cada trecho uma visão desponta
envolta de remorso, envolta de abandono,
desfiando um colar de perjúrios sem conta!...

Há saudades de amar, dispersas sobre o ideal:
sim, que às vezes, cantando, uma estranha eu visiono
escrevendo comigo um novo passional!...

---

50. *Fon-Fon*. Rio de Janeiro, 09 jan. 1915. O soneto, dedicado a Gomes da Rocha, foi escrito em 16 de dezembro de 1914, conforme o poeta o datou ao enviar para a revista.

RETRATO[51]

Fui príncipe... fui rei numa outra idade...
tive tudo... mas tudo o que eu sonhei!
Tudo o que houve de belo na cidade
tive aos meus pés de príncipe e de rei!

E animoso monarca sem piedade
vassalos muitos todos condenei!
Era crime de lesa-majestade
ser nulo sob o sol da minha lei!

Por isso mal com a turba e bem comigo
vivo, no ambiente de hoje, clima antigo,
lei minha nas repúblicas das leis...

E corpo-astral de heráldicas mortalhas
tenho em conta de míseras migalhas
os elogios como os labéus das greis!

---

51. Bittencourt 1, p. 45. Com anotação de Francisco Ricardo de que o soneto foi composto em Santa Maria, em 20 de outubro de 1926.

ROMANCE SEM PALAVRAS (III) - para A.A.[52]

Ela dirá que tudo foi brinquedo...
um romance sem prólogo nem fim...
romance sem palavras... sem segredo...
E eu direi que nem tudo foi assim...

Dirá que a praça, os bancos, o arvoredo,
as calçadas, as luzes, o jardim
não viram nada... que foi tudo enredo...
E eu direi que nem tudo foi assim...

Direi que a sua história é bem contada:
"Era uma vez uma alta Flor-Amada,
era tão alta que ninguém colheu...

E por ser Flor de Torre, altiva e quieta,
dizem que foi colhida por um poeta
e esse alto poeta... dizem que fui eu!"

---

52. Bittencourt 2, p. 113. Soneto dedicado a uma misteriosa mulher de Santa Maria.

ROMEIRO HEROICO[53]

Para Leal Guimarães.

Que o teu batel jamais ancore! A nova plaga,
aonde for teu mister, vá teu sonho aonde for,
será novo incentivo ao ideal que te ergue e afaga
de ser do belo e do orbe o espelho refletor!

Mar sem farol, sem luz o céu, revolta a vaga,
como às vezes em tu'alma e em teu corpo a ira e a dor,
te hão de surdir, mas hás de herói vencer, que esmaga
leões o campônio audaz como o amor-próprio o amor!

Mas se outra heroica vela houver nos mesmos mares,
e a seu bordo outra heroína em teu curso encontrares,
sósia de teu desígnio e halo de tua ideia,

então, parando, o amor terá teu peã fecundo
porque te fez beijar a fronte da epopeia,
porque te fez erguer teu pedestal no mundo!

53. *O Malho*. Rio de Janeiro, 03 ago. 1918.

RUGAS[54]

As rugas que serpeiam diariamente
aos lados do meu lábio cada face,
nasceram da recusa de um presente
que o Evangelho mandou que eu recusasse.

Receando que Deus me não perdoasse,
eu recusei quando era adolescente
não só meu beijo mas a minha face
à que me trouxe um beijo de presente.

E embora houvesse recusado tanto
e padecido como um mártir, vejo
que não sou santo e nem serei um santo.

E por meu mal eu soube depois disto
que Thereza foi santa por um beijo
sobre a boca de mármore de Cristo!

54. *Fon-Fon*. Rio de Janeiro, 26 jan. 1924.

SACRILÉGIO[55]

A flor que à noite esplende, da janela,
e atrai o olhar da multidão que passa,
é talvez no Brasil a flor mais bela
e entre as graciosas a que tem mais graça!

Sempre que vejo a turbamulta em massa,
cheia de pasmo, olhando o encanto dela,
nada existe que mais me contrafaça
porque meu zelo logo se revela!

Sim, que os olhos de todos os humanos
são por demais impuros e profanos
para fitar essa divina flor

que, sem ser minha, incita o meu ciúme,
que me não ama mas me dá perfume,
que é inacessível mas me inspira amor!

---

55. *Jornal das Moças*. Rio de Janeiro, 30 nov. 1916.

SANTA DOLORIDA[56]

Atando en un dolor dos amarguras.

MANUEL UGARTE

Eu vim ao mundo para realizar
o sonho que minh'alma concebeu,
mas me perdi no céu do teu olhar
e nesse céu meu sonho se perdeu!

E se te evoco quando faz luar
e seduzido exumo o enlevo meu,
tu, que és de outro, comigo vens noivar
e eu te pertenço sem que seja teu!

Mas como um grande amor jamais termina,
pois, se consegue dormitar de longe,
o ente amado na pálpebra reclina,

no claustro sem ventura desta vida
hei de ser sempre o mesmo triste monge
e tu a mesma Santa Dolorida!

56. *Solidão sonora*. Rio de Janeiro, 1919.

SOMBRA SONORA[57]

Para Gomes da Rocha.

Essa soturna sombra musical,
que por mim nunca fora pressentida,
veio em surdina, mansa, sideral
e nunca mais fugiu de minha vida.

Ela me veio simplesmente qual
longínqua luz na treva foragida...
Veio de longe, exangue, quase irreal...
como uma peregrina combalida.

Não sei se é linda, e menos de onde veio:
se é o eco aflito de um soluço amado,
se é ressonância de meu próprio anseio...

Só sei que seus acordes são de amor
e que ficou vibrando, de meu lado,
por ser talvez irmã de minha dor!

---

57. *O Malho*. Rio de Janeiro, 03 ago. 1918.

TÍMIDO ARTÍFICE[58]

Só porque temes o teu próprio estilo
sofres a escravidão do teu poder!
E com que dor não tens cedido asilo
à ideia tua que outro ousou dizer!

Deves tentar de preferência aquilo
que tens maior receio de fazer,
que o nosso ser não pode ser tranquilo
se algum temor houver no nosso ser!

Se és falange sozinho, um-só-disperso,
foca teu surto imo, um teu segundo,
em tela, em bronze, em pedra, harpejo ou verso.

E legarás teu sonho de beleza
como lampejo do teu próprio mundo,
como gota da tua correnteza.

58. Bittencourt 1, p. 18. Tb. Rodrigues, op. cit., p. 89.

OUTROS[59]

A ESMOLA DAS ROSAS CONFIDENTES[60]

Sonhou comigo um sonho de segredo,
e ao levantar-se de manhã bem cedo
foi confessar seu sonho ao seu jardim...

Depois colheu as rosas confidentes
e mandou-me o mais lindo dos presentes:
um abraço de rosas carmesim!

Para que as rosas me contassem tudo,
quis mimá-las com todos os carinhos:
despetalaram-se! Esconderam tudo!
Tive de esmola as hastes e os espinhos!

E ainda assim, tal um nume que emergisse
De um divino dilúvio de corolas
beijando espinhos – ébrio de ledice
fui beijando a mais dura das esmolas...

59. Poemas em ordem alfabética pelo título.

60. BITTENCOURT 1, p. 63. Poema escrito em novembro de 1922, na cidade mineira de Estrela do Sul, após receber uma braçada de rosas de uma admiradora.

AMENA ARAGEM[61]

Nunca supus que o meu olfato fosse
o namorado que hoje se revela:
tomou-se de feitiço, enfeitiçou-se
só pelo cheiro da cabeça dela!

E namorado passa o dia inteiro,
o dia inteiro recordando aquela
amena aragem que lhe trouxe o cheiro
ameno e doce da cabeça dela!

Praticaria a mais odiosa injúria
quem não sentisse a tentação daquela
pecaminosa aragem da luxúria
agasalhada na cabeça dela!

61. Bittencourt 1, p. 28-29.

BALADA DA GRANDEZA DA HUMILDADE[62]

(...) que mon âme soit toujours humble comme
une mendiante couronnée d'améthystes (...)

ALPHONSUS DE GUIMARAENS

Que eu seja o mais humilde dos viventes,
um mártir, um banido, um sofredor;
que eu seja a sombra das saudades doentes;
mas que eu seja o maior dos prepotentes
na prepotência do meu grande amor!

Que eu seja o alvo de vis maledicentes;
que eu passe por lunático impostor;
que eu seja o eco da dor das horas poentes;
mas que eu seja o maior dos prepotentes
na prepotência do meu grande amor!

Que eu sofra o escárnio dos indiferentes
de todas as cidades aonde eu for;
que eu viva no ostracismo, sem parentes;
mas que eu seja o maior dos prepotentes
na prepotência do meu grande amor!

Que eu seja feio, e para várias gentes
não passe de um poeta sem valor...
de um vocábulo esquivo... além das lentes!
Mas que eu seja o maior dos prepotentes
na prepotência do meu grande amor!

---

62. BITTENCOURT 2, p. 104.

Oferenda:

Dona Imperial de estranhos continentes!
Senhora-Real do mais real senhor:
não valho o mais humilde dos viventes!
Mas suplanto o maior dos prepotentes
na prepotência do meu grande amor!

BALADA DE SAUDADE DE UMA BOCA[63]

A volúpia interrompida
nem foi muita nem foi pouca
para a saudade... da vida...
que deixei na tua boca...

Mas sei na tua, esquecida,
minha alegria... E se apouca
pela saudade... da vida...
que deixei na tua boca...

Da amorosa refletida
és hoje a perdida louca...
e eu?... a saudade da vida...
que deixei na tua boca...

Oblação:

Minha louca querida! a saudade mais louca
vai para a vida que deixei na tua boca...

---

63. *Castalia*. Santa Maria – nº 5, 1927.

BALADA GAÚCHA[64]

Vale a oferenda do meu sangue, e a glória
do meu nome, e o laurel do meu porvir
à princesa indecisa e merencória
que não riu nunca e um dia me sorrir.
Que vale a vida no dealbar dos anos
Sem um fulgor de Torre de Marfim?
Serei maior que todos os tiranos,
pela vaidade de um sorriso assim!

Tenho a ironia rápida e irrisória
para o mais nobre que souber sentir,
e um grande laço para a trajetória
do mais covarde que me ousar fugir!
Que qual de Helena o bravo entre os troianos
eu o sou da herdeira de Piratinim
cujo sorriso eu roubo dos minuanos,
pela vaidade de um sorriso assim!

Guapo e galante, sem rival na história,
sem ter Quixote para competir,
já pela força, já pela memória,
assim na loa como no ferir;
pisando os mais, que todos são profanos
ante o sorrir da Torre de Marfim,
sacudo o pampa e desafio oceanos,
pela vaidade de um sorriso assim.

---

64. Rodrigues, op. cit., p. 88-89. Tb. Bittencourt 1, p. 17-18.

Oferenda:

Estendo o pala que me cobre a glória
de gaúcho de vida transitória
e fama eterna! Vinde, heróis, a mim!
Pisa-o! Risonha de olhos soberanos!
Que eu sou maior que todos os tiranos
pela vaidade de um sorriso assim!

DEBAIXO DOS SAPATOS DE LILI[65]

– Então? Que é feito? Como vai a vida?
Há muito tempo que não sei de ti.
– A vida... abandonou-me na avenida...
Ficou por lá... fanática... perdida...
debaixo dos sapatos de Lili!

– Mas já tinhas carreira definida...
tinhas nome na turma em que te vi...
– Que importa o nome, a posição falida
desde que a vida viva embevecida
debaixo dos sapatos de Lili?

– Deixa-te disso... leva de vencida
a vitória... o futuro te sorri...
– Mas eu ganhei o que mais quis na vida:
eu ganhei a mentira bem mentida
debaixo dos sapatos de Lili!

– Vives uma ilusão desiludida...
– Não! Não me iludo, nunca me iludi:
eu precisava desfolhar a vida
e ela ficou na pétala caída
debaixo dos sapatos de Lili!

Ah! Se a visses! A estranha, a incompreendida
mulher em cujo corpo me escondi!
Serias meu rival! E a minha vida
lutaria com a tua, na avenida,
debaixo dos sapatos de Lili!

---

65. Bittencourt 1, p. 20-21.

DO MEU DIÁRIO (1)[66]

Para evocar a alegria
do tempo em que fui feliz
eu beijo a fotografia
da pracinha da Matriz!

*

Fico dentro de um desmaio
quando me lembro do encanto
das noites do mês de maio
nas festas do Espírito Santo!

*

Não há humana inteligência
que possa dizer por que
meu olhar de reticência
todos olham e ninguém vê...

*

Carvão de pedra é minério,
mas na essência é vegetal:
fragmentos de cemitério
há em muito humano animal!

*

Um grande amor sem vitória
no diário de nossa vida
é como uma longa história
começada e não concluída...

*

Erra todo namorado,
no amor erra toda gente:
mal de amor não tem passado,
bem de amor não tem presente!

---

66. *O Exemplo*. Porto Alegre, 01 jul. 1917. Anotado: "Rio".

DO MEU DIÁRIO (2)[67]

Quem traça nosso destino,
diga-se o que se disser,
não é Deus, o ser divino,
é o demônio da mulher!

*

Não amei a formosura
da tua fronte divina,
mas a divina candura
que tinhas quando menina!

*

Como querida violeta
numa página não lida,
guardo a tua silhueta
no livro da minha vida...

*

A distância nos afasta,
mas não consegue afastar
a visão formosa e casta
que vive no teu olhar!

*

O tempo tudo consome,
mas não pode consumir
as letrinhas do teu nome
no batel do meu porvir!

*

Quer de perto, quer de longe,
no claustro da nossa vida,
eu sempre serei teu monge,
minha Santa Dolorida!

---

67. *O Exemplo*. Porto Alegre, 08 jul. 1917. Anotado: "Rio 1917".

DO MEU DIÁRIO (3)[68]

Estas quadrinhas sentidas
que diante de ti deponho
são imagens doloridas
das olheiras do meu sonho...

*

É poeta predileto
todo aquele que puder
glosar o mote secreto
que há no olhar de uma mulher...

*

Dos ritmos dos meus arcanos
fiz volutas, fiz castelos
para os prélios soberanos
de uns olhos fatais e belos!

*

Nunca vi no mundo inteiro
cabeça cheirar assim!
Teu cabelo – é um jasmineiro,
tu – és feita de jasmim?

*

Pelas gloriosas retinas
dos teus olhos sem rivais
eu quis a maior das sinas,
a sina dos imortais.

---

68. *O Exemplo*. Porto Alegre, 12 ago. 1917. Anotado: "Rio".

ESSA CRIATURA ELÁSTICA, SINUOSA[69]

Essa criatura elástica, sinuosa,
flexível como ofídicas corais,
é bem o tipo da mulher que goza
de modo diferente das demais.

Creio que ela é felina: mia e chora
como as gatas nos fundos dos quintais;
faz do corpo da gente um chão de amora
e dorme apenas ao surgir da aurora,
quando despertam todas as demais.

Mas, apesar de tudo, nada almejo;
buscando encantamentos passionais,
eu fiz o desencanto do desejo
e unicamente a fêmea que ora vejo
é vulgar como todas as demais...

Seus seios são dois pêssegos molares
e as pernas – dois pecados capitais...
São dois confessionários seus olhares
e as olheiras, dois sonhos imorais...

Eu não sei se ela é feia ou se ela é bela,
sei que o desejo a elege sem rivais,
pois meu desejo só deseja aquela
que me tire dos braços das demais...

---

69. Bittencourt 1, p. 37. Poema inconcluso, sem título.

FETICHISMO[70]

Sou fetichista, adoro tudo
que é teu; a página marcada
de um livro; o sono de veludo
da tua lânguida almofada;
um cravo esplêndido e vermelho
que morre; a vida singular
que tu puseste em cada espelho
ao sortilégio de um olhar;

aquele acorde, aquela escala
que do teu piano andou suspensa
na ressonância desta sala;
a tua lâmpada; a presença
imperativa de um perfume;
o teu chapéu... – tudo afinal
que vem de ti que te resume,
tem seu prestígio emocional!

E este contato voluptuoso
com tanta coisa educativa
é tão sensual, tão delicioso
para minha alma sensitiva,
que espero, cheio de ansiedade,
cada momento em que te vais,
e chego mesmo a ter vontade
de que não voltes nunca mais!

---

70. Bittencourt 1, p. 35. Tb. Rodrigues, op. cit., p. 90-91.

GRACINHA[71]

À mais jovem de minhas amiguinhas.

Graça inocente, singular daminha,
qual a fragrância que na aragem passa,
passas e deixas sobre a vida minha
sorriso olente de inocência e graça.

Ave que fala, espelho da inocência,
índia fidalga, aragem de rainha,
és uma deusa pela onipotência
da tua graça, senhoril Gracinha!

Olha: há canal ali, lá longe há fráguas
mas há farol... Cuidado! Vais eu vim!
Não te esqueças de mim naquelas águas,
do condutor que não conduz ao fim...

Gracinha: olhemos o horizonte, olhemos...
Oceano em meio pararás cansada...
Terás o auxílio de outras mãos nos remos
e hás de chegar à costa, acompanhada...

Suave e ingrato perfume de beleza,
nem pensarás nas vidas que aromaste,
nem no espelho de minha correnteza
que contemplavas debruçada à haste!

---

71. *Solidão sonora*. Rio de Janeiro, 1919.

Ai de mim! que este afeto imenso e santo
hás de deixar na esteira dos caminhos,
que por um canto... olvidarás meu canto
como a pastora a voz dos passarinhos...

HISTÉRICA[72]

Disseram-me que é histérica... e faz pena
quando sofre os acessos do seu mal;
disseram-me que é pior do que uma hiena,
que qualquer coisa mínima a envenena
e toma aspectos de mulher fatal!

Mas, mesmo que essa aliança fosse breve
como a desses amores mais avulsos...
que gosto recordá-la! Esgalga... leve...
como sombra cativa que se atreve
a espedaçar a grade dos meus pulsos!

Que a nossa aliança só durasse um dia
(bastava um dia de curiosidade),
alguma coisa grata restaria:
restaria um fantasma de saudade
da água furtada que ficou vazia!

Restaria das horas mais doentes,
profunda como a dor das vis alcunhas,
a cicatriz amada dos seus dentes,
meu nome escrito em suas unhas,
meu corpo como um céu nas tardes quentes...

Restaria a necrópole das horas...
os minutos de túmulo felizes...
e num túmulo erótico os emboras
dos seus repentes que anunciaram crises,
seus gestos que brilharam como auroras!

---

72. Bittencourt 1, p. 38-39.

MINHA MÃE[73]

Na minha insônia a minha meninice
me disse um verso que parece prece;
na minha insônia, a meninice disse:
– Na nossa terra... a cinza fria aquece!

Vão nestas linhas, minha mãe, desvelos
do meu desterro cheio de lembrança
do tempo em que eu trançava os teus cabelos:
que linda que era aquela linda trança!

Quando eu contava quinze primaveras
e eram pequenos todos os meus manos,
teus cabelos, ó mãe, que linda que eras,
eram tão compridos como os meus enganos!

"Quero fazer-te moça da Turquia
cercada de um punhado de crianças..."
e eu buscava os pequenos e fazia
aquelas duas invejáveis tranças!

Quando íamos à missa, quanta gente
se enganava! E como era divertido:
não supunham que eu fosse teu parente,
que fosses mãe de um filho tão crescido!

Quando aos domingos pela nossa rua
as moças dialogavam nas calçadas
(oh, que saudade da vaidade tua!)
vias em todas minhas namoradas...

---

73. Bittencourt 1, p. 5.

Depois, quis Deus que o nosso Marcos fosse
para a cidade que não tem correio...
E tudo para logo transformou-se
em orfandade e viuvez e anseio!

Depois parti, ó nume do meu culto;
parti, quando chorando me impedias,
para que um dia a sombra de meu vulto
atenuasse o cansaço dos teus dias!

Mas, fosse ou por meu erro ou por mau fado,
só tive altura e sombra de palmeira,
eu que tanto me havia imaginado
uma frondosa, esplêndida mangueira!

Nem queiras tu saber de como o exílio
me tem tratado: eu me hospedei na dor!
Mas pelos sacrifícios do teu filho
receberás a graça do Senhor!

Longe de mãe não há Brasil: há o mundo;
apenas concorrentes e estrangeiros...
Morrendo nos teus braços eu me inundo
da glória do maior dos brasileiros!

Quero um favor pedir de Deus no meu gemido
final: quero os teus olhos no meu sono!
Como a morte de um cão que foi ferido
longe... e morreu nas portas do seu dono!

NOTURNOS[74]

Sonho contigo... Há luar no céu nevado e enorme...
Vens ungida de luz à hora em que tudo dorme!

E o teu rastro sem par no pó de ouro das sendas
deixa a herança imortal de radiosas legendas!

Vens sonâmbula e muda e trêmula, sorrindo
qual ao vento a magnólia as pétalas abrindo...

Vens desnastrando a coma e pelo ambiente inteiro
há uma névoa odorante; a névoa do teu cheiro!

E vens, pé ante pé nos bicos dos coturnos
e o teu gesto desprende acordes de noturnos...

Mana amavios, destila auroras! Fluis nepentas
quando, sorrindo, o corpo heleno movimentas!

Vens de mãos postas como um pulcro querubim
qual meu anjo da guarda a velar sobre mim!

Danças! E és Salomé de requebros perversos
com o cadáver do amor na salva dos meus versos!

---

74. BITTENCOURT 1, p. 8-9. Tb. MACHADO, Antonio Carlos. *Coletânea de poetas sul-riograndenses*. Rio de Janeiro: Editora Minerva, 1952. p. 285-287. Poema lido por Francisco Ricardo em 25 de agosto de 1917 no salão de honra do *Jornal do Comércio*, no Rio de Janeiro, em sarau promovido pela Academia Brasileira dos Novos, que ele ajudara a fundar.

E a ti, rosa de luz dos jardins siderais,
abro de par em par meus desertos umbrais!

Curvo os joelhos: repito oblações derradeiras
que um dia, lá do cais, fiz às tuas olheiras...

Vamos para o jardim: tomo-te as mãos e o braço:
vamos sós palmilhar violentas passos a passo!

Quero contigo relva adentro e mãos unidas
traduzir dos solaus horas incompreendidas...

Repara: a nuvem vela o luar! Olha! Repara!
É de mistério o teu olhar que tudo aclara!

Verás que essa alameda escura e adormecida
há de espertar supondo a luz do sol da vida!

(Entre os lilases... no jardim... casal romeiro...
única vez te foi meu ombro travesseiro!)

Bela e calada, bela e pura, bela e santa,
tentas falar e a voz te morre na garganta...

Mas... falas, e falando ainda uma vez me sinto
todo inebriado do teu hálito de absinto...

E ainda vertes do olhar de perpétua elegia
a dor vertida olhando a curva da baía

certa manhã de adeus, de estrangulantes ais,
de adeus que traduzia adeus de nunca mais!

E evocando trouxeste as horas às atuais...
Mas... da comparação – tão agudos punhais!

Não eras mais aquela esplêndida criatura
sublime na beleza e santa na candura!

Já não eras a minha escolhida de outrora,
de espáduas de luar e coma cor de aurora!

Não eras mais a deia eleita dos meus trenós,
zelo de Orfeu, rival de Flora, irmã de Vênus!

Por onde passas já não flora o prado triste!
Teu olhar já nem abre as corolas que abriste!

Porque à proporção de cada devaneio
ficara uma virtude a menos no teu seio!

Com que dor, com que angústia exprimiste a saudade
da tua candidez, daquela ingenuidade!

Com que dor te escutei! Que expiação dolorida!
Hás de pensar em mim por toda a tua vida

enquanto na tua alma uma saudade houver
do tempo de menina, agora que és mulher!

E pelo extinto bem dessa idade divina
uma lágrima te há de orvalhar a retina,

uma lágrima igual à que verte minh'alma
pelo amor que morreu, matando a minha calma!

OFERENDA LONGEVA[75]

Disgrazziatamente l'uomo non puó promettere
d'amare sempre come non puó promettere
di conservarsi sempre in salute perfetta.

ELLEN KEY

Quando fores passear ao pé do cais
pisa de leve, assim como se pisa
junto de quem, sofrendo, adormeceu:
é que eu parti... deixando ao cais minh'alma
para dizer-te, instante a instante, sempre:
que eu te pertenço sem que seja teu!

Vai da memória as páginas relendo
e sobre as águas alongando os olhos
sonda as miragens deste exílio meu;
e escuta o enigma das distâncias, e ouve
a voz do mar, que tudo te repete:
que eu te pertenço sem que scja teu!

Depois, diante do espelho, recordando
a história dos amores imortais
de Tasso ou Dante, de Petrarca ou Orfeu,
vê se a beleza com que outrora, altiva,
a turba deslumbraste, agora exige
que eu te pertença sem que seja teu!

Tudo passou... Distância imensa! E imensa
a mortalha não cobre inteiramente

---

75. *Solidão sonora*. Rio de Janeiro, 1919.

o amor-gigante, o idílio-Prometeu!
Que qual na concha a voz do mar, vejo e ouço,
no halo sonoro dessa fronte inerte
que eu te pertenço sem que seja teu!

E quanto amor depois daquele amor
pela estrada florida, como as flores
desabotoando, o meu caminho encheu?!
Quantos momentos de enganoso olvido...
esperto... que dormindo ouvi de todos:
que eu te pertenço sem que seja teu!

E a várzea vinha verde, esmeraldina,
esmeraldina como o teu vestido
com que meu sonho um dia te escolheu!
E a Concórdia e os jardins da Independência,
todo o caminho, tudo murmurando
que eu te pertenço sem que seja teu!

Nuvem vadia a minha vida andava
entre selvas e vilas e palácios
e se foi Fauno foi também Romeu!
Teve a Felicidade acorrentada!
Estancou aventuras! Mas lembrava
que eu te pertenço sem que seja teu!

Porém, se um dia, tu velhinha, eu trôpego,
sem um só traço do que somos hoje,
sem uma só visão nem tu nem eu;
se um acaso qualquer, um verso, um nada,
um monossílabo indicar que eu vejo
a quem pertenço sem que seja seu;

e se nessa hora, sem que tu vaciles,
ainda que muda, se teu rosto ao menos,
ou apenas o olhar que só foi meu,
revelar que jamais me deste olvido
nem deixaste de amar quem confessava
só pertencer-te sem que fosse teu;

então, meu lindo amor de adolescente,
então, meu máximo e imortal amor,
quem quer que seja que haja o nome meu,
por justo prêmio de sincera estima
há de ter meu afeto, mas perder-me,
e hás de ser minha que eu fui sempre teu!

PEÃ DO SANGUE[76]

Crepúsculo... A alma além de quanto a vista alcança...
Um sol de menos no verão da vida inquieta!
E preso e solitário, entre o anseio e a esperança,
o sangue-herói, o sangue-ideal, o sangue-poeta!

E à parede da pele o cálido mormaço
do mundo! E o sangue, qual clamor de fibra a fibra,
dragão revolto, estala algema, acende o espaço
e espera e freme, e impreca e cala, e azoina e vibra!

Oceano da volúpia, eu sou teu continente!
Quero o naufrágio, quero a vida do teu fundo!
Paraíso submerso, enluarado e candente,
sou teu! Quero contigo alucinar meu mundo!

Banhar o irado nu que o linho esconde e algema!
Ser orvalho sutil de medrosos rebentos!
Que todo olhar brunal sorva vida suprema
na olímpica eclosão dos meus nervos luarentos!

Quero a hemoptise da beleza, ave Pompeia!
Ave Roma de Nero, ave Troia esvaída!
Quero que todo ser fulmine ideando, ó ideia!
E todo ser decante o bem do sangue, ó vida!

Sol da luxúria, aí tens meu corpo e que ele seja
do juvenil lamento a extrema unção e o asilo!

---

76. *Solidão sonora*. Rio de Janeiro, 1919.

Que seja um luar que esconde o sol que em si lateja
ardil da luz, livor febril, vulcão tranquilo!

Quero, Dionísio, ser a fonte inexaurida,
e que toda alegria, e que tudo o que podes
palpitem no meu ser, na herança desta vida,
no sangue que ficar, na boca destas odes!

Quero beber uma alma inteira no meu beijo!
E ela será prodígio e enigma e talismã,
porque bebeu meu hino e estancou todo o arpejo,
porque sentiu meu sangue e quis ser minha irmã!

Quero ser um, disperso! E, himalaia de ardências,
morrer... deixando, unir... gerando! Oh! não ter dias!
Que todo o meu calor anime adolescências
num radioso avatar de vertigens sadias!

Quero inundar de mim safras de lírio oculto!
E essas algas irão, conquista de horizontes.
levar a toda parte a seiva do meu vulto
florindo ilhas e areais e desertos e montes!

Quero fundar meu mundo e meu novo helenismo!
Quero ser veio ardente e fonte e rio e mar,
e alçar-me ao vácuo, e ser dilúvio, e encher o abismo,
e batizar o céu e a terra e o espaço e o ar!

Ave, Olimpo diluído, a estirar-se em meu ser!
Ave, seiva viril, rumor de meu repouso!
Eu te bendigo pela ardência em que hei de arder
na eterna redenção de meu faminto gozo!

Porque bendigo o sonho a vir, que hás de coroar,
e as palmas e os lauréis que hão de em teu chão surdir,
e as feridas de amor, que são bocas de luar,
e os rebentos do amor, que são sóis do porvir!

PELA BELEZA QUE ME FEZ PAGÃO[77]

Para alumbrar meu mundo, meu portento
e conquistar o irrevelado ideal
basta-me a luz que vem deste momento,
momento de alvorada espiritual!
A alma tranquila agora se ergue inquieta
e inquieto se ergue o calmo coração
pelo semblante que me fez poeta,
pela beleza que me fez pagão!

Bendito seja todo o sofrimento,
seja bendito todo humano mal
se ao fim de tudo houver deslumbramento,
deslumbramento sobrenatural!
Porque a ventura de um mortal, completa,
vem simplesmente da contemplação
desse semblante que me fez poeta,
dessa beleza que me fez pagão.

Outrora eu fiz sagrado juramento
perante a Virgem, sobre o seu missal:
que ela teria o meu final alento
na defesa de sua catedral!
Mas sem motivo para ser asceta
eu transferi meu culto de cristão
para o semblante que me fez poeta,
para a beleza que me fez pagão!

---

77. *Careta*. Rio de Janeiro, 3 jan. 1920.

Razões da apostasia

Semeadora de aurora espiritual!
Tens meu delubro, minha vida inquieta!
Por ti renego a minha religião,
porque és divina e me apareces real
nesse semblante que me fez poeta,
nessa beleza que me fez pagão!

PELO DESLUMBRAMENTO DE UMA SAIA[78]

– ...Mas, vamos... abre-te... Afinal, que existe?
Dize, confessa... Que te sucedeu?
Qual o motivo desse rosto triste,
dessa tristeza no sorriso teu?

– ...Foi uma saia... amaldiçoada saia...
Pouco importa se azul, se carmesim,
se tafetá, se seda, se cambraia...
Foi uma saia que me fez assim!

Como quem se deslumbra e após desmaia,
a minha vida desmaiou por fim...
Desmaiou deslumbrada de uma saia,
foi uma saia que me fez assim!

E malgrado o amor-próprio sobressaia
de todo amor, já tenho dó de mim,
vivendo ao léu daquela esquiva saia,
daquela saia que me fez assim!

Meu amor próprio disse-me: "Olvidai-a
E achareis outra Torre de Marfim..."
– Mas não há saia como aquela saia,
aquela saia que me fez assim!

---

78. Bittencourt 1, p. 22-23. Poema escrito em 1921.

SAUDADE[79]

Saudade... doce desgraça...
minha desgraça querida...
Saudade... um vulto que passa
no inferno da minha vida...

Saudade... aquilo que eu quis
mas nunca te pedi...
Saudade... o anseio que diz
que nada ganhei de ti...

Saudade daquilo tudo
que eu quis fazer e não fiz...
deixando meu lábio... mudo!
e o meu desejo... infeliz!

Saudade... dia sem sol
que passo pensando em ti...
supondo ouvir rouxinol
no canto da juriti!

Saudade... voz do desejo...
dor que em meu corpo murmura...
Saudade... estrada de um beijo
que sem beijo te procura!

---

79. Bittencourt 1, p. 25-26. Tb. Rodrigues, op. cit., p. 92-93. Provavelmente o último poema escrito por Francisco Ricardo, dias antes de sua morte, e publicado em 13 de maio de 1927, no jornal *O Exemplo*, em Porto Alegre.

Saudade... calor que deixa
tua mão na minha mão...
Saudade... calada queixa
que te faz meu coração...

SOLIDÃO SONORA[80]

Dentro na minha solidão sonora,
qual suave ronda musical calada,
há rumor de visões que amei outrora,
das Atalantas que deixei na estrada...

Qual suave ronda musical calada,
creio que folha a folha, linha a linha,
meu livro conta a história já contada
pelos mortais de idade igual à minha!

Creio que folha a folha, linha a linha,
como na noite o sideral rumor,
meu leitor lembrará que foi, que tinha
seu lindo amor igual ao meu amor!

Como na noite o sideral rumor
de estrela a estrela ou mundo para mundo,
meu lindo amor fez eco noutro amor,
noutro amor mais soberbo e mais fecundo!

De estrela a estrela ou mundo para mundo
impera o amor imaterial ou não,
pois que o vulcão é um eco do profundo
amor da terra ao céu sem coração!

E impera o amor, imaterial ou não
na obra sincera do sincero artista,

---

80. *Solidão sonora*. Rio de Janeiro, 1919.

porque há lirismo onde haja um coração
quer seja parnasiano ou simbolista!

E obra sincera de ainda tonto artista
fiz estes versos para assinalar
uma chuva de luz na alma e na vista,
numa longínqua noite de luar!

Fiz estes versos para assinalar
o bem da vida e o bem de ser viril,
de sentir a volúpia palpitar
na minha própria sombra juvenil!

O bem da vida! O bem de ser viril
na seiva verde dos mais verdes anos,
quando uma gota de ilusão sutil
faz enchentes de oceanos sobre oceanos!

Da seiva verde dos mais verdes anos,
consoante a audácia e o leme do veleiro,
pende o fado dos raros soberanos
e o dos humildes do universo inteiro.

Consoante a audácia e o leme do veleiro,
a adolescência, catedral de amor,
coroa para sempre o audaz romeiro
ou fá-lo então corcel servil da dor.

Adolescência, catedral de amor,
luz fugitiva, inolvidável luz!
Como saudade eternamente em flor
são de saudade os versos que compus!

Luz fugitiva, inolvidável luz
das vigílias serenas do meu sonho!
Por que me foges, quando mais a flux
fulguras nas estâncias que componho?

Nas vigílias serenas do meu sonho,
qual ser humano transformado em mito,
aspiro e avanço, e as amplidões transponho
com os pés na terra e a fronte no infinito!

Qual ser humano transformado em mito
sinto que nos recessos do meu ser
algo existe que escapa do finito,
que não tem nome... que eu não sei dizer...

Sinto que nos recessos do meu ser
há qualquer coisa de remota vida,
de que tenho saudade, sem saber
de onde veio essa estranha foragida!

E há qualquer coisa de remota vida
dentro na minha solidão sonora
além da ronda da Ilusão querida
que chega e foge ao léu de cada Hora.

Dentro na minha solidão sonora,
qual suave ronda musical, habita
uma névoa do aroma que cada hora
deixa... como lembrança da visita!

TARDE ESCONDIDA[81]

Laura! A antiga...

Eu era, qual o lúgubre cipreste,
indiferente ao mocho e ao rouxinol,
quando chegaste e aos olhos meus trouxeste
essa oferenda de sorriso e sol.

Encarnavas a ideia da beleza
e eu escondia estuários de luares...
Corremos um para o outro... Correnteza
das grandes chuvas para os grandes mares...

Deste-me a ler a tua história... E ardia
no meu romance a luz em que fulgiste...
E depois de um minuto de alegria
eu fiquei triste e tu ficaste triste!

Silentes... Face a face... Amor e mágoa...
Final de nênia inaugurando um canto...
Lago e floresta... Como sombra n'água...
Duas estátuas que falavam tanto!

Eras sol e romã! Corada e loura,
loura e corada como aquela tarde,
tu profanaste, qual heroica moura,
meu templo augusto de cristão covarde!

---

81. *Solidão sonora.* Rio de Janeiro, 1919.

Mentira inédita! o teu vulto tinha
um talismã sobre a minh'alma culta!
como a presença de triunfal rainha
na surpresa boçal da turbamulta!

E hoje com que saudade, amada amiga,
diante de ti minh'alma te procura!
Foste o perfume de uma tarde antiga
que o ar da noite extraviou na altura...

Sonha o fulgor de uma mentira nova
qual céu no espaço cujo azul fulgura!
Uma mentira que não peça prova,
uma mentira que não peça jura!

Não parar nunca! E hipócrita ou sincero
siga o verbo imortal sem ter rotina!
Eu quero sempre descobrir-te! Eu quero
uma mentira de expressão divina!

MATERIAL ICONOGRÁFICO

Francisco Ricardo

Foto de sua carteira de identidade, expedida em 1918. Acervo da Casa de Memória Edmundo Cardoso – Santa Maria.

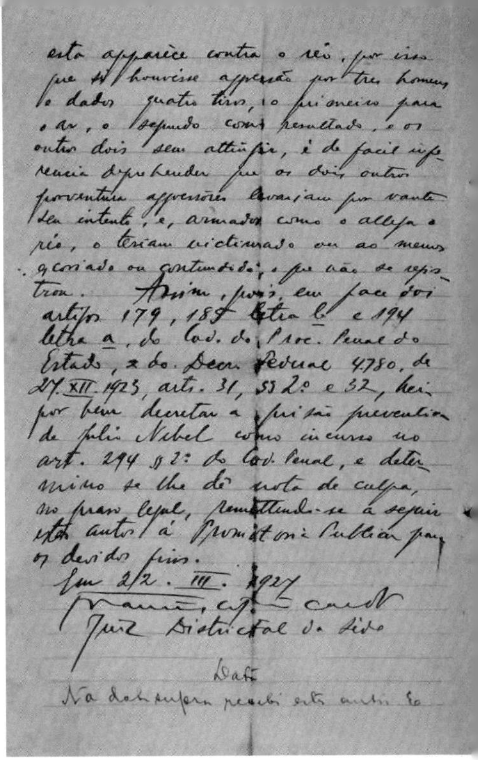

esta apparece contra o réo, por isso
que se houvesse aggressão por tres homens
e dados quatro tiros, o primeiro para
o ar, o segundo com resultado, e os
outros dois sem attingir, é de facil infe-
rencia depreheuder que os dois outros
porventura aggressores levariam por vante
seu intento, e, armados como o allega o
réo, o teriam victimado ou ao menos
aggrediado ou contundido, o que não se regis-
trou. Assim, pois, em face dos
artigos 179, 185 letra b e 194
letra a, do Cod. do Proc. Penal do
Estado, e do Decr. Federal 4780, de
27.XII.1923, arts. 31, §§ 2º e 32, hei
por bem decretar a prisão preventiva
de Julio Nebel como incurso no
art. 294 § 2º do Cod. Penal, e deter-
mino se lhe dê nota de culpa,
no prazo legal, remettendo-se a seguir
estes autos á Promotoria Publica para
os devidos fins.
Em 2/2. III. 1927
Francisco Ricardo
Juiz Districtal da Sede
Data
Na data supra recebi estes autos. Eu

Autógrafo de Francisco Ricardo

No processo em que atuou como juiz distrital, em 1927, cujo réu era o alemão Julio Nebel. Acervo do Arquivo Histórico Municipal de Santa Maria.

Margarida Lopes

Nascida em Rio Pardo em 1874, foi professora em Santa Maria e depois diretora da Escola Complementar. Animadora cultural da cidade, recebia artistas e escritores nos saraus do Salon Vert, espaço criado por ela junto à Escola Complementar. Faleceu em Porto Alegre, em 1947. Foto da revista *CCA*, do Centro de Cultura Artística de Santa Maria. Santa Maria, 1º fev. 1931. Acervo da Casa de Memória Edmundo Cardoso – Santa Maria.

Casa São Paulo

Pertencente a Pedro da Silva Beltrão, na esquina sudeste da Rua Dr. Bozano com a Rua Floriano Peixoto, em meados da década de 1920. A foto, de autoria desconhecida, é originária do acervo de Antônio Isaia.

Chalé da família Beltrão

A foto, do final da década de 1900 e de autoria desconhecida, é reprodução de cartão-postal. A residência dos Beltrão, na Avenida Rio Branco, era o chalé à direita, ao lado do palacete do médico italiano Nicola Turi. Arquivo de Aécio César Beltrão.

PEDRO DA SILVA BELTRÃO
Arquivo de Aécio César Beltrão.

TRECHO DO MAPA DE SANTA MARIA
Executado em 10 de maio de 1911 por Constant Mathelin, que mantinha na cidade uma escola de desenho, à Rua Silva Jardim nº 87.
Acervo da Casa de Memória Edmundo Cardoso – Santa Maria.

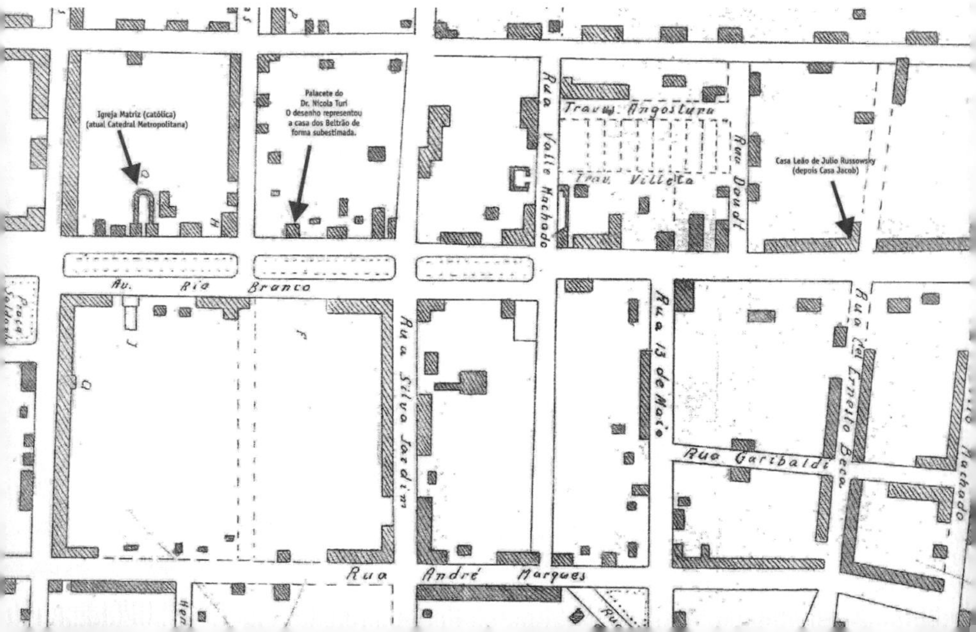

Rosa Calderan Beltrão
Arquivo de Aécio César Beltrão.

Trajeto de Rosa
Avenida Rio Branco, foto do aviador Miguel Lampert
em 24 de abril de 1935. Acervo dos autores.

Fundação da Sociedade de Medicina em Santa Maria

Os fundadores da Sociedade de Medicina, em 1931. Figuram os médicos que atenderam Francisco Ricardo e Pedro da Silva Beltrão no Hospital de Caridade. Da esquerda para a direita, Lamartine Souza é o penúltimo em pé, Nicola Turi o segundo sentado e Severo do Amaral o último sentado.[1] Fotografia Koehn. Acervo da Casa de Memória Edmundo Cardoso – Santa Maria.

---

1. Lamartine Souza (Santa Maria, 1896 – Santa Maria, 1972) diplomou-se pela Faculdade de Medicina de Porto Alegre, em 1919. Foi professor nas faculdades de Farmácia e Medicina, em Santa Maria, e primeiro diretor da Faculdade de Odontologia, na mesma cidade. Foi homenageado com o nome de uma rua em Santa Maria. Severo do Amaral (Porto Alegre, 1892 – Rio de Janeiro, 1962), formado pela Faculdade de Medicina do Rio de Janeiro, em 1915, integrou a Missão Médica Brasileira na Primeira Guerra Mundial. Radicado em Santa Maria, foi eleito vice-intendente municipal, com Manoel Ribas intendente, para o quadriênio 1928-1932. Foi também vice-cônsul da França em Santa Maria. Na Segunda Guerra Mundial serviu na África com as forças do General De Gaulle (Armindo Beux, *Franceses no Rio Grande do Sul*, p. 140). Após a Guerra, não retornou a Santa Maria. Nicola Turi (Calabritto / Itália, 1873 – Santa Maria, 1949) formou-se em 1899 pela Faculdade de Medicina da Universidade de Nápoles. Trabalhou em Montevidéu durante dois anos antes de se transferir para Santa Maria, em 1903. Foi diretor da Casa de Saúde da Cooperativa dos Empregados da Viação Férrea. Uma rua de Santa Maria e a biblioteca da Associação Italiana levam seu nome.

Impressionante scena de sangue em Santa Maria

Os seus protagonistas gravemente feridos a bala

SANTA MARIA, 24 (A. A.) — Occorreu hoje, nesta cidade, impressionante scena de sangue entre o

Manchete de *O Globo*

Do Rio de Janeiro, em 25 de abril de 1927, dois dias após a tragédia.

Casa Royal

A Casa Royal em 1922. Acervo da Casa de Memória Edmundo Cardoso – Santa Maria.

Casa São Paulo

Balcão de varejo da Casa São Paulo em 1922. Acervo da Casa de Memória Edmundo Cardoso – Santa Maria.

ILLUSTRAÇÃO GAUCHA
FABRICA DE CALÇADO
"SÃO PAULO" DE BELTRÃO & Cia.
Casa São Paulo
MATRIZ
RUA Dr. BOZANO 39 B
Casa Royal
FILIAL
RUA Dr. BOZANO 8
UNICOS nesta praça que mantêm novidades em calçado de toda a especie e côres, a preços modicos.
Recebemos as ultimas novidades em sapatos a phantasia para homens.
ESMERALDA
E' hoje o calçado mais usado pelo bello sexo, não só em vista de sua resistencia como tambem a esmerada elegancia que obedece a sua modelagem.
Confeccionam-se quaesquer modelos de sapatos, sob medida
GARANTINDO-SE A PERFEIÇÃO ARTISTICA
Vendas a varejo e por atacado
SANTA MARIA — RIO GRANDE DO SUL

Casas São Paulo e Royal

Publicidade veiculada na revista *Illustração Gaúcha,* de Santa Maria, em 1925. Acervo da Casa de Memória Edmundo Cardoso – Santa Maria.

Hospital de Caridade e Praça Roque Gonzales

Neste hospital, inaugurado em 1903, foram internados e faleceram Francisco Ricardo e Pedro da Silva Beltrão. A foto é da década de 1930, de autoria desconhecida, e originária do acervo de Hardy Bathelt.

Os jornalistas

Olavo Gianelli (à esquerda) e Oswaldo Barcellos (à direita) foram os jornalistas que encontraram Francisco Ricardo em agonia. A foto, de autoria desconhecida, pertence ao acervo da Casa de Memória Edmundo Cardoso – Santa Maria.

CASTALIA
BELTRÃO & Cia.
MATRIZ:
CASA SÃO PAULO
RUA Dr. BOZANO, N. 39 B
FILIAL:
CASA ROYAL
RUA Dr. BOZANO, N. 8
Grande stock de calçado de luxo para homens, senhoras e crianças
Confecciona-se calçado por medida, garantindo-se esthética e durabilidade
VENDAS A VAREJO E ATACADO
SANTA MARIA

Beltrão & Cia.

Publicidade na revista *Castalia*, Anno I, nº 1 – 1926. Acervo da Casa de Memória Edmundo Cardoso – Santa Maria.

ANNUARIO-INDICADOR DO RIO GRANDE DO SUL 249
CASA LEÃO de JULIO RUSSOWSKY
VENDAS POR ATACADO E A VAREJO
FAZENDAS :: MIUDEZAS e ARMARINHO :: FABRICA DE ROUPAS FEITAS
Avenida Rio Branco n.º 57 — Santa Maria 114

Publicidade da Casa Leão

Publicada no Anuário-Indicador do Rio Grande do Sul - 1927 - 8ª Série, dirigido por A. G. Lima.

A JUSTIÇA EM SANTA MARIA

Membros da justiça em Santa Maria, em 1935. Entre eles, personagens relacionados com a tragédia de oito anos antes, como o subchefe de polícia João Bonumá, o juiz da comarca Álvaro Leal, o promotor público José Luiz Natalício, amigo de Francisco Ricardo, e o funcionário do Registro Civil João Sabino Menna Barreto, que lavrou os registros de óbito de Pedro da Silva Beltrão e Francisco Ricardo. Também aparece Geraldo Machado de Oliveira, bisavô do autor Valter Antonio Noal Filho. Foto de Venancio Schleiniger. Acervo da Casa de Memória Edmundo Cardoso – Santa Maria.

Trecho da Avenida Rio Branco

A foto, de 1930, mostra trecho da Av. Rio Branco, entre as ruas Valle Machado e Daudt, percorrido por Rosa, Francisco e Pedro na trágica noite. Sua autoria pode ser atribuída a Simão Sioma Breitman, então fotógrafo da Casa Aurora. Acervo dos autores.

SOBRE OS AUTORES

SERGIO FARACO nasceu em Alegrete, no Rio Grande do Sul, em 1940. Nos anos 1963-1965 viveu na União Soviética, tendo cursado o Instituto Internacional de Ciências Sociais, em Moscou. Mais tarde, no Brasil, bacharelou-se em Direito. Em 1988, seu livro *A dama do Bar Nevada* obteve o Prêmio Galeão Coutinho, conferido pela União Brasileira de Escritores. Em 1994, com *A lua com sede*, recebeu o Prêmio Henrique Bertaso (Câmara Rio-Grandense do Livro, Clube dos Editores do RS e Associação Gaúcha de Escritores). No ano seguinte, como organizador da coletânea *A cidade de perfil*, fez jus ao Prêmio Açorianos de Literatura - Crônica, instituído pela Prefeitura Municipal de Porto Alegre. Em 1996, foi novamente distinguido com o Prêmio Açorianos de Literatura - Conto, pelo livro *Contos completos*. Em 1999, recebeu o Prêmio Nacional de Ficção, da Academia Brasileira de Letras, pela coletânea *Dançar tango em Porto Alegre*. Em 2000, a Rede Gaúcha SAT/RBS Rádio e Rádio CBN 1340 conferiram ao seu livro *Rondas de escárnio e loucura* o troféu Destaque Literário (Obra de Ficção) da 46ª Feira do Livro de Porto Alegre (Júri Oficial). Em 2001, recebeu mais uma vez o Prêmio Açorianos de Literatura - Conto, por *Rondas de escárnio e loucura*. Em 2003, recebeu o Prêmio Erico Verissimo, outorgado pela Câmara Municipal de Porto Alegre pelo conjunto da obra, e o Prêmio Livro do Ano (Não Ficção) da Associação Gaúcha de Escritores, por *Lágrimas na chuva*, que também foi indicado como Livro do Ano pelo jornal *Zero Hora*, em sua retrospectiva de 2002, e eleito pelos internautas, no site ClicRBS, como o melhor livro rio-grandense publicado no ano anterior. Em 2004, a reedição ampliada de *Contos completos* foi distinguida com o Prêmio Livro do Ano no evento O Sul e os Livros, patrocinado pelo jornal *O Sul*, TV Pampa e Supermercados Nacional. Ainda em 2004, seu conto "Idolatria" foi publicado na antologia *Os cem melhores contos brasileiros do século*, organizada por Ítalo Moriconi. Em 2007, recebeu o prêmio de Livro do Ano – Categoria Não Ficção, da Associação Gaúcha de Escritores, pelo livro *O crepúsculo da arrogância*, e o Prêmio Fato Literário – Personalidade, atribuído pelo Grupo RBS de Comunicações. Em 2008, recebeu a Medalha Cidade de Porto Alegre, da Prefeitura Municipal, e o conto "Majestic Hotel" foi incluído na antologia *Os melhores contos da América Latina*, organizada por Flávio Moreira da Costa. Em 2009, seu conto "Guerras greco-pérsicas" integrou a antologia *Os melhores contos brasileiros de todos os tempos*, organizada por Flávio Moreira da Costa. Em 2010, recebeu o Prêmio Joaquim Felizardo (Literatura), da Secretaria Municipal de Cultura de Porto Alegre. Em 2014, recebeu o Troféu Guri, conferido pela Rádio Gaúcha e pelo Grupo RBS a personalidades que, em suas atividades, promoveram o Rio Grande do Sul no Brasil e no exterior. Em 2016, recebeu o prêmio Destaque Panvel em Cena – Personalidade do Ano, concedido pelo Grupo Dimed. Seus contos foram publicados nos seguintes países: Alemanha, Argentina, Bulgária, Chile, Colômbia, Cuba, Estados Unidos, Itália, Luxemburgo, Paraguai, Portugal, Uruguai e Venezuela. Reside em Porto Alegre.

VALTER ANTONIO NOAL FILHO nasceu no ano de 1960, em Santa Maria, Rio Grande do Sul. Graduou-se em Comunicação Visual em 1983 pela UFSM, instituição onde exerce o ofício. É pesquisador da literatura de viagem no Rio Grande do Sul e do passado santa-mariense, sobretudo através da imprensa e da fotografia. Em 1997, com José Newton C. Marchiori, publicou *Santa Maria: relatos e impressões de viagem*, reeditado em 2008. Em 2004, com Sérgio da Costa Franco, publicou *Os viajantes olham Porto Alegre: 1754/1890* e *Os viajantes olham Porto Alegre: 1890/1941*, livros agraciados com o Prêmio Açorianos de Literatura nas categorias Especial e Livro do Ano, em 2005. Em 2008, com José Newton C. Marchiori e Paulo Fernando S. Machado, publicou *Do céu de Santa Maria*. Como organizador ou pesquisador convidado, tem contribuído em diversas obras relacionadas ao passado de sua terra natal, destacando-se *A arte fotográfica e o teatro em Santa Maria* (2005), de Getulio Schilling, e *Theatro Treze de Maio: um espetáculo de história* (2016), de Luiz G. Binato de Almeida. Reside em Santa Maria.

IMPRESSÃO:

GRÁFICA EDITORA Pallotti IMAGEM DE QUALIDADE

Santa Maria - RS - Fone/Fax: (55) 3220.4500
www.pallotti.com.br